JACQUES & BETTY VILLEMINOT

Au commencement des temps,
L'AUSTRALIE

À Marie.
Cette Australie
18-1-2001

ESPACES

Collection dirigée par Emmanuel Braquet

ÉDITIONS A. BARTHÉLEMY, AVIGNON

JACQUES ET BETTY VILLEMINOT

L'Australie est le second pays de Jacques et Betty Villeminot. Ils y sont arrivés très jeunes et de fréquents séjours leur ont permis d'assister aux changements qui ont bouleversé la physionomie de ce pays. Ils se sont particulièrement intéressés à la culture des aborigènes.
Anciens collaborateurs de l'université de Sydney et chargés de mission par le Muséum National d'Histoire Naturelle, ils ont réalisé de nombreuses études sur les aborigènes et sur les Papous de Nouvelle-Guinée.
Jacques Villeminot fut aussi journaliste de presse et de télévision pour l'émission Cinq Colonnes à la Une.
Au cours de sept tours du monde, il a publié des reportages dans la presse internationale sur de nombreux pays.
Jacques et Betty Villeminot sont les auteurs de quinze livres et d'une vingtaine de films sur l'Australie et la Nouvelle-Guinée. Tous deux sont membres du Club des Explorateurs. Jacques en fut le Président de 1984 à 1989. Il en est maintenant Président d'Honneur.

Les photographies de ce livre sont de Jacques et Betty Villeminot.

ISBN 2-87923-039-X / ISSN 1158-7474

Nous dédions ce livre à nos amis australiens Blancs et Noirs qui nous ont permis de découvrir et d'aimer leur pays.

PRÉFACE

En une pleine nuit du mois d'août, je débarquai à l'aéroport de Darwin, encore tout ahuri après des heures de vol. Avant même d'avoir franchi les contrôles de police et de douane, j'aperçus la silhouette d'un de mes amis, naturaliste comme moi, venu me souhaiter la bienvenue en Australie, après l'avoir traversée de part en part. Il commença par me reprocher avec véhémence le retard de l'avion, comme si j'en étais responsable ! Puis aussitôt il devint jovial, heureux d'accueillir sur ses terres un compagnon de longue date, et nous passâmes ce qui restait de la nuit en une conversation animée de pas mal de bière, sans laquelle un "jolly good Aussie" ne saurait survivre.

Grâce à lui et à quelques autres amis, je fis la connaissance de cette île-continent. Je fus dès l'abord séduit par cette expérience unique dans la vie d'un biologiste, au point de la renouveller plusieurs fois par la suite, de découvrir peu à peu les merveilles de ses paysages et de me retrouver au milieu d'hommes parfois rudes, mais toujours francs, fidèles et accueillants, dans un pays resté à l'état de nature mais aussi, ultra-moderne et hautement sophistiqué, fier de ses lointaines origines et d'un futur riche en promesses à la fois.

Grâce à l'excellent livre de Jacques et Betty Villeminot, nous allons refaire leurs voyages et partager leurs émotions. Ils vont parcourir les forêts d'eucalyptus géants où danse l'oiseau-lyre, les déserts immenses sans l'ombre d'un végétal, mais que la moindre pluie fait reverdir par miracle. J'ai vu Ayers Rock émergeant avec ses irréelles et changeantes couleurs au milieu de prairies qui, de loin il est vrai, évoquaient plus la Normandie que le Sahara. J'ai connu la chaleur du nord et les pluies froides du sud en plein hiver austral, avec des cacatoès déterrant des tubercules entre des plaques de neige. Et bien sûr aussi, partout des kangourous par milliers, des possums agrippés à leur branche, des nuées de perruches au plumage de paradis. Et une végétation variant à l'infini, faite de plantes à nulle autre pareilles, peuplée d'animaux inédits. Car tout est différent en Australie, gigantesque morceau de la terre qui a flotté sur le magma profond au fil des millénaires et de l'évolution, comme pour s'écarter du reste du monde.

Comme eux j'y ai rencontré des hommes vivant les premiers âges de l'humanité et maintenant vives des traditions respectables, qui s'inscrivent en des fresques déconcertantes sur les parois rocheuses. Et puis des métropoles où l'on passe sans transition de rues bordées de mai-

sons de pionniers à des avenues dominées par des gratte-ciel qui n'ont rien à envier à ceux d'Amérique. L'Australie est pays de contrastes, peuplé d'hommes plongés dans leur passé, côtoyant ceux du présent et ceux du futur. Tous sympathiques dès l'abord, combinant l'esprit le plus profond, et l'humour le plus facétieux. Tel cet éminent physiologiste, reconnu comme tel dans le monde entier, qui a donné aux vaches hautement sélectionnées de son ranch le nom des danseuses du Crazy Horse de Paris !

Le lecteur trouvera tout cela dans ce livre, qui par un texte vivant, écrit en termes simples mais rigoureux, et par une prestigieuse illustration, dépeint un continent étrange, unique au monde, baigné par le Pacifique où se trouve sans doute une bonne partie de l'avenir de l'humanité.

Merci à Jacques et à Betty, pour lesquels l'Australie n'a plus de secrets, de nous permettre de les accompagner dans leurs nombreuses et périlleuses aventures et d'évoquer avec élégance un pays et une atmosphère où nous nous retrouvons à la fois chez nous et ailleurs.

Jean Dorst

Membre de l'Institut, ancien directeur du
Muséum National d'Histoire Naturelle

AVANT-PROPOS

L'Australie présente des aspects si profondément différents dans leur forme et leur fond, que nous pouvons distinguer deux Australie, deux pays antinomiques qui n'ont en commun que leur situation géographique sur leur île-continent de l'hémisphère sud. Deux pays qui sont néanmoins destinés à cohabiter et à faire alliance, l'Australie ancienne et l'Australie nouvelle.

L'Australie nouvelle est une jeune nation qui a été forgée, dans la souffrance et l'héroïsme, par une poignée de bagnards et d'aventuriers, il y a un peu plus de deux cents ans. Une nation oubliée du reste du monde jusqu'à la fin de la dernière guerre mondiale. C'est en effet seulement après ce conflit, que l'Australie a commencé à prendre son essor grâce à l'arrivée d'un flot d'immigrants européens fuyant leur pays dévasté par la guerre.

Cette arrivée massive d'étrangers suscita tout d'abord un certain mouvement de mécontentement des Australiens, envers ces intrus qui perturbaient leur petit paradis par une ardeur au travail jusqu'alors inhabituelle dans ce pays.

Les années ont passé, les amertumes se sont apaisées. Actuellement, près de vingt-cinq pour cent des Australiens sont nés à l'étranger ; plus de cent dix nationalités ont été dénombrées. L'Australie devient une sorte de laboratoire sociologique qui préfigure peut-être le monde de demain.

Après la guerre, un autre évènement a marqué un tournant dans l'histoire de l'Australie. On sait que ce continent est le plus plat et le plus désertique de la planète, ce qui l'avait relégué au rang des terres stériles et sans avenir. D'où le désintéressement des nations occidentales pour ce pays des antipodes. Or, à partir de 1958-1960, des explorations géologiques établirent que ces régions déshéritées constituaient finalement une source presque inépuisable de minerais. En effet, toutes les variétés de gisements reposent dans la terre australienne, à haute teneur et en quantité colossale. L'Australie devint brusquement le point de mire des investissements étrangers. La bourse explosa et le béton jaillit de toute part. Ce fut en fait le véritable début de l'essor économique du pays. Ce fut le grand boom australien des années 1960-70.

Avec le recul du temps, après avoir été le témoin de ces bouleversements économiques, on constate avec surprise que ce sont finalement les déserts qui avaient condamné l'Australie, ainsi que les immigrants que l'on aurait souhaité ne jamais voir arriver, que ce sont ces deux éléments qui ont transformé la nation australienne en une nation en plein essor, vouée à un grand avenir.

Pourtant, tout n'est pas parfait en Australie. Il faut savoir que ce pays, comme la plupart des autres nations occidentales, subit les effets désastreux d'une crise économique internationale. Toutefois, cette crise provisoire n'enlève rien à ses espérances d'un avenir prometteur.

En effet, nous pensons que l'Australie représente le dernier pays d'origine occidentale ayant la perspective d'un grand destin. Et ceci pour trois raisons principales. La première : son rapport superficie-population. L'Australie a la superficie des Etats-Unis mais compte moins de dix-huit millions d'habitants. Tout est donc encore possible, tout ou presque reste à faire dans ce pays inachevé. Une seconde : ses richesses minières considérables et encore bien loin d'être épuisées. Enfin et surtout, sa situation géographique dans l'hémisphère sud, près du monde asiatique.

En effet, on peut fort bien imaginer que le monde de demain, dans un délai plus ou moins long, se fera, non plus en Europe ni en Amérique, mais dans l'Est asiatique. Ces prévisions reposent sur des observations pertinentes. Lorsque trois milliards et plus de Chinois et autres Asiatiques auront atteint le niveau de vie occidental, ce qui, à moins d'une catastrophe planétaire, devrait assurément se produire à plus ou moins longue échéance, le monde sera profondément bouleversé. L'Australie, de par sa situation géographique, occupera alors une place de premier plan pour participer à ce nouvel essor et aussi pour représenter la civilisation occidentale.

Toutes ces raisons permettent d'avancer que l'Australie, en tant que nation, est vouée à un grand avenir.

L'Australie ancienne est beaucoup plus passionnante, unique par sa géologie, par sa flore, par sa faune disparue des autres continents.

Dans les temps anciens, l'Australie fut coupée du reste du monde et les animaux de l'ère secondaire qui s'y trouvaient furent isolés et ne subirent pas les grands prédateurs apparus plus tard sur les autres continents. Et, à l'arrivée des Européens il y a deux siècles, par sa géologie, sa flore, sa faune, l'Australie était véritablement une sorte d'espace oublié des temps anciens. C'était un héritage fabuleux que l'humanité avait reçu. Malheureusement, nous commençons à mesurer la richesse de cet héritage un peu tard, à l'instant où il est sérieusement menacé.

L'Australie ancienne, c'est aussi et surtout celle des véritables Australiens ; car les véritables Australiens ne sont pas les pionniers ayant fondé cette nation il y a deux cents ans. Ce sont des hommes à peau sombre aux caractères anthropologiques qui les différencient des Canaques de Nouvelle-Calédonie et des Papous de Nouvelle-Guinée.

Le premier Australien, cet australoïde qu'on désigne sous le nom d'aborigène, occupe l'Australie depuis au moins quarante mille ans et peut-être depuis plus longtemps encore. Il représente donc la plus longue, la plus ancienne civilisation qu'ait connue notre planète. Car il s'agit bien d'une civilisation à part entière et non d'une peuplade de primitifs inorganisés tels qu'on les a décrits dans le passé.

Certes, chasseurs, cueilleurs, ils ne pratiquaient ni élevage, ni agriculture. Ils ne possédaient pas de villages ni même d'habitations. Leur outillage et leurs armes se limitaient à quelques objets en pierre, hache, couteau ; ou en bois, lance, boomerang, propulseur, bâton à creuser. On peut difficilement imaginer une société plus démunie matériellement. Elle incarnait l'idée que nous nous faisons des hordes humaines du paléolithique. On en a conclu hâtivement que pour avoir conservé si longtemps cette stagnation technologique, on se trouvait en présence d'hommes frustes, peu intelligents, à peine humains, comme l'ont écrit certains auteurs. On sait maintenant que ces premiers Australiens ont un quotient intellectuel semblable à ceux de tous les autres hommes, que leurs structures sociales sont parmi les plus complexes, qu'ils possèdent une mythologie toute aussi riche et aussi proche d'une vérité que celles des autres religions, qu'ils sont des artistes de grand talent et que, finalement, contrairement aux apparences, ces premiers Australiens sont, sous une forme qui nous est inconnue, des intellectuels. Face à de telles contradictions, on peut se demander si cette "stagnation" technologique qui a duré plus de quarante mille ans, n'a pas été volontairement préservée afin de maintenir l'homme en osmose avec son milieu naturel et ainsi le protéger des débordements que connaissent les autres civilisations.

Au cours de plusieurs missions en Australie et en Nouvelle-Guinée, sous la direction d'un grand anthropologue australien, le professeur A.P. Elkin de l'Université de Sydney, nous avons eu l'opportunité de séjourner plusieurs mois auprès d'une tribu du désert central, la tribu Pitjantjatjara qui, en 1955-56, n'avait pratiquement pas subi l'influence de notre civilisation. Ce fut une expérience inoubliable qui bouleversa notre vision du monde : pour la première fois, nous avons eu l'impression de rencontrer des hommes et des femmes qui avaient découvert ce que la plupart des humains cherchent en vain, leur raison d'exister.

Ce livre tente de survoler quelques-uns des multiples visages de l'Australie, ce pays exceptionnel que nous fréquentons depuis plus de quatre décennies et qui nous a offert nos plus belles émotions.

I - LA DÉCOUVERTE D'UN AUTRE MONDE

Le continent austral exista dans la pensée occidentale bien avant d'être découvert par les grands navigateurs européens. Rêveurs, mystiques et scientifiques l'imaginèrent pour étayer leurs fantasmes, leurs croyances ou leurs travaux. Ainsi, deux siècles avant Jésus-Christ, Ptolémée, l'astronome et géographe grec, le "découvre" dans ses calculs car seule une telle masse peut équilibrer notre planète. Quelques siècles plus tard, bien que saint Ausgustin ait combattu […] le Moyen Age adopte cette terre pour y situer le purgatoire ou le paradis de la […] au XVIIe siècle le mathématicien flamand Mercator arrive à la même conclusion […] à savoir que les deux hémisphères de la planète doivent leur équilibre à une […] gigantesque située quelque part dans l'hémisphère sud. C'est seulement à cette […] navigateurs hollandais apporteront la preuve de cette existence.

[…]lais abordèrent en effet les premiers sur la terre qu'ils baptisèrent "Nouvelle […]uest de ce nouveau continent serait probablement devenu une colonie hollan[…] si de nombreux navires de la flotte commandée par le commandant Pelsart […] ce but, n'avaient fait naufrage bien avant d'y arriver. Par la suite, la Hollande […]rojet.

[…]s plus grands navigateurs occidentaux sillonneront les côtes de l'Australie. C'est […]llandais, Abel Tasman, qui, le premier, parvint à la contourner entièrement, […] Tasmanie et à dresser les premières cartes de cette nouvelle région du monde. […]apitaine anglais James Cook que reviendra la gloire de la découverte. Il abordera […]st, à Botany Bay, en 1770. Les Anglais qui, après la guerre de Sécession, n'eurent […]lité de se débarrasser de leurs forçats en les vendant à des colons américains, […]tte nouvelle terre comme nouveau lieu de déportation. C'est pourquoi, en 1788, […]rès le capitaine Cook, le capitaine Phillip débarquera sur la côte est, à Port Jackson, avec sept cent cinquante forçats, (cinq cent cinquante hommes et deux cents femmes), deux cent huit marins, gardes des prisonniers, et quarante femmes libres, épouses de marins. Six jours plus tard, le Français La Pérouse mouillera au même endroit avec l'Astrolabe et la Boussole. Mais la France avait-elle des visées expansionnistes sur cette terre du bout du monde ? On peut en douter puisqu'elle refusa de légitimer l'annexion de la moitié ouest de l'Australie par Saint Allouan, commandant du Gros Ventre, qui en avait pris possession le 29 mars 1779 au nom de Louis XV. Le nouveau continent austral allait donc être anglais.

Les hommes noirs, découverts par Cook et ses prédécesseurs en même temps que les nouveaux rivages, ne posèrent aucun problème moral aux occidentaux. A l'époque, ils les considérèrent comme des sous-hommes qui n'avaient certes aucun droit sur les terres que l'Angleterre venaient de découvrir. Ils les tuèrent comme des animaux nuisibles quand ils devinrent gênants.

Forçats et marins qui avaient rêvé de débarquer dans un pays idyllique, pendant les longs mois de privation en mer, furent bien déçus. Ils se crurent sur une autre planète car rien ne rappelait le monde sécurisant de leurs campagnes.

Au "lieu de beauté, il n'y avait que difformité", les saisons ne correspondaient pas aux véritables saisons, les arbres ne jouaient pas leur rôle en offrant le repos de leur ombre car leurs feuilles se tenaient verticalement et non horizontalement comme elles auraient dû le faire, les animaux aux formes étranges venaient vers l'homme au lieu de s'enfuir ! Rien n'était comme "au pays". Ils se sentirent menacés et ne surent jamais à quel continent fabuleux ils se trouvaient confrontés.

Alors, aussitôt, ils commencèrent à combattre leur environnement pour essayer de lui donner une apparence moins différente de celle de l'Angleterre. Ils détruisirent des forêts entières pour en faire des terrains de culture, des pâturages, mais aussi parce que ces forêts, différentes des leurs, les effrayaient. Pour leurs besoins alimentaires, mais le plus souvent par cupidité ou pour le simple plaisir de supprimer la vie, en quelques années, ils tuèrent des millions d'oiseaux, des millions de marsupiaux[1] ; ils importèrent des plantes et des animaux d'Europe qui proliférèrent d'une manière spectaculaire au détriment des espèces autochtones. Ils firent si bien qu'en quelques décennies, l'équilibre écologique exceptionnel miraculeusement arrivé jusqu'à nous, fut transformé à tout jamais. Seuls quelques botanistes et zoologistes comprirent quel monde extraordinaire s'offrait à eux.

LA GENÈSE DE L'AUSTRALIE

Pour mieux comprendre le monde unique que représentait alors ce continent, pour mieux apprécier ses paysages insolites, il est nécessaire de connaître les étapes principales de sa genèse.

Au crétacé, il y a 140 millions d'années, pendant le règne des reptiles et des marsupiaux géants, le super-continent Godwana de l'hémisphère sud commença à se disloquer. Petit à petit, sous la pression de mécanismes titanesques, des blocs se détachèrent et partirent à la dérive pour aller former les masses de l'Amérique du sud, de l'Arabie, de Madagascar, de l'Inde péninsulaire. La masse de terre qui deviendrait l'Australie quitta l'Antarctique pour dériver au nord-est,

(1) Vingt-cinq mille kangourous furent tués chaque semaine dans le seul état du New South Wales (*The great Extermination*, A. J. Marshall, page 30).

vers des températures plus clémentes. Au fil des millénaires, ces blocs s'éloignèrent de plus en plus les uns des autres et l'Australie de l'époque se retrouva à des milliers de kilomètres de toute terre.

Comme libérée, l'île gigantesque se désolidarise alors du reste de la planète. Dès le tertiaire, après le soulèvement relativement peu important du mont Kosciusko (2 228 m.) elle ignore pratiquement tout des éruptions, des secousses sismiques, des torsions et mouvements tourbillonnaires cyclopéens, tout des drames telluriques des autres continents. Rien, ou si peu, ne malmène ses terres du début des temps. Un sillon marin la traverse, se déplace pour reculer lors des éruptions volcaniques du dévonien au cours duquel la partie orientale du continent sera légèrement soulevée et donnera naissance à la Cordillère australienne. Au début du secondaire, elle connaît une période glaciaire. Puis, après la fonte de ses glaces, le réchauffement de ses terres, la montée du niveau de la mer la séparent de la Nouvelle-Zélande et de la Tasmanie ; vingt millions d'années plus tard, elle entre en contact avec l'ensemble continental appelé Sunda, l'actuelle Nouvelle-Guinée, provoquant un sillon marin qui l'isole définitivement des régions néo-guinéennes. L'ère secondaire voit également la formation d'une couche de grès qui retient aujourd'hui les eaux souterraines du grand bassin artésien. Puis, la mer revient pour à nouveau séparer l'Australie en deux et parachever la sculpture de ses terres immergées. Son œuvre terminée, elle repart, laissant derrière elle une terre aux formes étranges et de grands lacs salés qui s'assècheront lentement et deviendront les cimetières des marsupiaux géants. Les millénaires s'égrennent, le niveau des mers baisse et monte lors de nouveaux changements climatiques, la soudant plusieurs fois à la Tasmanie pour enfin l'en séparer il y a environ dix mille ans. Mais aucun phénomène volcanique, ou mouvement sismique important ne vient rajeunir sa physionomie.

Aujourd'hui, toujours encerclé à l'est et à l'ouest par les milliers de kilomètres des deux plus grands océans du monde, l'Indien et le Pacifique, au sud par les eaux glacées de l'océan Antarctique, au nord par les petites mers d'Arafura et de Timor, le continent australien nous offre les immensités plates, infinies, de roches, de déserts de pierres, de déserts de sable, ses anciens massifs montagneux du plateau continental, tous vieillis, tassés, érodés par les vents et les pluies certes, mais fondamentalement inchangés depuis six cents millions d'années.

C'est le plateau continental de l'ouest ou bouclier australien, qui illustre le mieux cette ancienneté. Il s'étend sur les deux tiers du pays, soit environ cinq millions de km^2, ne s'élève jamais à plus de six cents mètres si ce n'est dans les monts Musgrave (1 585 m) et Mcdonnell, (1 450 m), squelettes de montagnes autrefois importantes et qui offrent aujourd'hui leurs étranges dômes arrondis de quartzite aux teintes rouges, roses, mauves ou violettes suivant l'heure de la journée ; ou leurs crêtes cannelées qui s'allongent à l'infini comme des queues de lézards gigantesques. Ce bouclier présente les multiples aspects de la sécheresse : terres arides, semi-arides, déserts de pierraille rouge, désert de sable, l'immense étendue parfaitement plate de la plaine de Nullarbor, faite d'une couche calcaire de trois cents mètres d'épaisseur recouverte d'une mince couche de terre, truffée de grottes karstiques, et sur laquelle poussent quelques brousailles ; lacs salés asséchés dont les surfaces blanches brillent de mille feux. Etrangement, par leurs immensités, par leurs couleurs insolites sur notre planète, ces multiples visages de la sécheresse fascinent, envoûtent le voyageur et, mieux que tout autre paysage, le font rêver.

Le plateau et sa sécheresse s'arrêtent devant la grande dépression des terres plus jeunes de l'est suivies du massif montagneux de la cordillère qui s'étire en arc de cercle tout au long de la côte du Pacifique. Une étroite bande de région tropicale, le "Top End" ou grand nord australien, le couronne du côté septentrional ; au sud, ce plateau rejoint l'océan austral jusqu'à ce qu'il bute à l'est sur la chaîne des monts Flinders.

COLONISATION PAR LE VÉGÉTAL

Ces terres immuables, miraculeusement arrivées jusqu'à nous, riches de la mémoire des anciens temps, représentent une source inépuisable de renseignements sur les premières formes de la Vie restées pétrifiées dans leurs entrailles, les plus anciennes jamais trouvées comme les bactéries antotrophes ; sur le mystérieux et l'admirable pouvoir d'adaptation qu'elles ont eu à déployer pour perdurer en devenant ce qu'elles sont aujourd'hui.

Elles nous content la fantastique aventure des plantes et des animaux autochtones qui, prisonniers du continent austral, échappèrent aux transformations que connurent les autres terres de la planète.

Dès la fin du secondaire, quelques espèces de végétaux et d'animaux se trouvèrent en effet prisonniers dans cette arche de Noé. Il leur fallut très vite trouver des réponses à la sécheresse qui, au tertiaire, remplaça brusquement un climat tropical humide lorsque les derniers lacs salés, vestiges de la mer intérieure, se furent taris. A cette époque, les formes de vie les plus performantes disparurent parce que trop spécialisées. Les autres, celles dont le capital génétique restait à exploiter, partirent à la conquête du continent. Là, à l'abri de la concurrence d'autres espèces apparues plus tard dans le reste du monde, mues par l'instinct de conservation et d'extension inhérents à toute forme de vie, elles eurent le loisir d'exploiter au maximum leur capital génétique, c'est-à-dire de modifier à l'infini l'assemblage de leur structure première jusqu'à ce que cette structure soit la meilleure réponse aux différents sols et climats qu'elles rencontrèrent. Dans la tranquillité des millénaires, elles réalisèrent des prouesses d'adaptation.

Chaque milieu favorisa l'apparition de la structure nécessaire pour vivre et se multiplier dans ce même milieu. Lentement mais sûrement, comme nulle part ailleurs, les quelques végétaux et animaux du stock primitif de l'ère secondaire diversifieront leur apparence et leurs besoins, créant un équilibre écologique unique au monde.

Pour conquérir le continent, les végétaux vont créer plus de quinze mille espèces distinctes, la plupart particulières à l'Australie. La flore la plus riche qui soit.

II - L'EUCALYPTUS, ROI DES FORÊTS

Les forêts australiennes qui subsistent aujourd'hui donnent une idée des émotions que durent ressentir les premiers colons devant leur étrangeté ; d'autant plus qu'à l'époque elles s'étendaient sur des immensités aujourd'hui déboisées. Elles font également prendre conscience du phénoménal pouvoir d'adaptation que déployèrent les ancêtres de l'eucalyptus et de l'acacia (les myrtacées et les mimosacées) prisonniers sur l'île-continent, à l'abri de la concurrence que connurent les végétaux dans les autres parties du monde.

Les deux familles dominantes(1) arriveront à sortir de leurs gènes plus de six cents espèces chacune, se transformant en herbe, en arbrisseaux ou encore en arbres géants suivant la nature des terrains à coloniser, des adversaires à éliminer.

Les myrtacées sortiront victorieuses de cette lutte sans merci en colonisant avec l'eucalyptus quatre-vingt-quinze pour cent des surfaces boisées, et en réussissant la prouesse d'acquérir la résistance leur permettant de vivre sur les versants enneigés de la cordillère et de la Tasmanie. Puis, lorsque leur conquête d'est en ouest les amènera aux abords des terres arides, certaines formes acquerront le pouvoir de résister au feu et quelques-unes d'entre elles pourront ainsi s'implanter dans le domaine des herbacées sous forme d'arbres, là où l'éclat d'un silex déclenche souvent des incendies mortels pour les autres arbres.

Les multiples espèces de l'eucalyptus, vont vaillamment construire des forêts, principalement sur la côte est et sud-est, où la cordillère provoque les précipitations atmosphériques indispensables. Suivant l'importance de ces précipitations, elles prendront des visages différents. Mais lorsque le terrain sera trop lourd, elles laisseront la place aux mimosacées, représentées par l'acacia, la deuxième espèce dominante. Au cours des millénaires, pour coloniser les sols les mieux arrosés, l'ancêtre de l'eucalyptus deviendra le frêne-alpin des montagnes, colosse fleuri à bois dur, le plus haut du monde après le séquoïa de Californie avec ses 102 mètres. A lui seul, il créera des forêts humides toujours vertes dont les plus spectaculaires sont celles du Victoria et de la vallée de Styx en Tasmanie. L'une de ses variantes, toujours dans les mêmes régions, formera d'étonnants espaces boisés où ses fûts clairs, étonnamment proches les uns des autres, s'élancent vers le ciel dans un mouvement vertical parfait pour soutenir une lointaine cime feuillue.

Il s'implantera difficilement à l'ouest. Alors, comme pour se faire pardonner cet échec, il y

(1) Les eucalyptus et les acacias sont originaires d'Australie.

resplendira sous la forme de deux autres géants, le jarrah et le karri, créateurs des forêts sèches et humides de l'extrême pointe sud de cette région.

Dans toutes ces forêts, pour préserver sa famille, si ce n'est son espèce, en cas de destruction par le feu, il trouvera dans son capital génétique le moyen de devenir le gommier bleu, champion de la maturation rapide.

Pour un Européen, les forêts d'eucalyptus géants sont fort impressionnantes. Dans le Victoria, tels des piliers gigantesques, les fûts lisses s'élèvent à cent mètres au-dessus d'une végétation luxuriante. A cette hauteur seulement, des branches horizontales apparaissent ; elles se détachent de chaque tronc pour soutenir une voûte de feuilles et de fleurs. Toutes les voûtes s'emmêlent, s'enlacent pour former un dai continu qui laisse filtrer dans l'édifice végétal une douce lumière colorée et embaumée des senteurs d'humus et de fleurs. Le terme "édifice sacré" vient à l'esprit. Un édifice qui, aussi bien, peut-être mieux que toute cathédrale, temple ou autre lieu cultuel, semble vouloir relier les forces du ciel aux forces de la terre.

Dans les ravins plus humides, les fougères arborescentes apparaissent, soyeuses et chevelues au-dessus d'un tronc noir, en réalité simple rhizome développé ; ou au contraire, rugueuses et couvertes de leurs longues feuilles jaunies. Les jeunes pousses, d'un vert tendre, brillent dans le faisceau d'un rayon de soleil et ressemblent à quelques offrandes, déposées au pied d'un géant sacré. Au-dessus d'elles, les nothofagus, les hêtres de l'hémisphère sud, se blottissent les uns contre les autres comme pour faire front à l'eucalyptus. En Tasmanie, ils triomphent de lui et couvrent des forêts entières jusqu'à mille mètres d'altitude. Sous l'ombre des hautes cimes, une foule de petits acacias-mimosas odorants, d'arbrisseaux et de buissons fleuris poussent avec vigueur.

DES MYRIADES DE VIES

Une impressionnante quantité de feuilles, pourtant persistantes, tombe continuellement. Grâce à plus de mille millimètres de pluie par an et malgré une décomposition plus lente que celle des feuilles caduques, elles pourrissent rapidement et retournent à l'arbre sous forme d'énergie, permettant à d'autres feuilles de continuer le cycle d'échange.

Dans cette couche en putréfaction, des myriades de vies organiques dépendent les unes des autres. Les insectes sont dans le sol, dans le bois mort, dans l'écorce des arbres, ou cachés sous la pellicule protectrice des feuilles dont ils mangent la chair. L'Australie est le pays le plus riche en insectes. Sans eux, la vie animale disparaîtrait.

Embusqué sous une feuille sèche, un scorpion surveille un gros ver de terre qui lentement s'extrait de l'humus. L'oiseau-lyre, le grand passereau australien, le seigneur de la forêt humide du sud-est, s'approche, pique le scorpion et tranquillement l'avale. Il fait deux pas, baisse à nouveau la tête et saisit de son bec un petit crustacé sauteur, imprudemment sorti de l'humidité du tapis de feuilles en décomposition. Ragaillardi, l'oiseau retourne terminer la construction d'une estrade faite de terre et de débris de toutes sortes qu'il amasse avec ses longues griffes. Bientôt, son œuvre atteint environ soixante centimètres de haut et près d'un mètre de large. Alors, il monte sur scène pour essayer de séduire une femelle des alentours. A la manière d'un paon, il relève sa lourde traîne dont les deux plumes latérales évoquent la forme d'une lyre. Il la rabat légèrement sur son dos et commence à danser au rythme de sifflements qu'il alterne avec des roucoulements ou de tendres gazouillis.

Attirée par le chant et le spectacle, une femelle, à l'apparence terne, se pose sur la plate-forme. Immobile, elle écoute, elle observe la danse qui dure de longs moments. Peu satisfaite des performances de l'artiste, elle s'envole à la recherche d'un mâle plus talentueux.

Au début de la colonisation, l'oiseau-lyre fréquentait les abords des cités et s'amusait à imiter les sirènes d'usines, entraînant bien des confusions. Dans les stations d'élevage, suivant son humeur, il hennissait, meuglait, aboyait ou bêlait comme un agneau. Le fermier cherchait en vain l'animal "égaré" jusqu'à ce qu'il découvre l'oiseau caché sous un buisson.

Par-dessus le grand murmure de la forêt, un cri aigu se détache. Le lézard gecko appelle sa compagne. A peine visible sur le tapis de feuilles dont il a pris la couleur sombre, bien calé sur ses pattes avant écartées, il lève sa tête en forme d'œuf, jette un autre cri et, prestement, grimpe le long d'un fût. Après quelques minutes d'immobilité, il en prend la couleur blanchâtre et s'endort.

Une colonie de petits oiseaux-mangeurs-de-miel s'élève au-dessus d'un ravin de fougères arborescentes. La forêt tout à coup retentit du son clair de leur chant qui ressemble au tintement de milliers de clochettes. Puis, une longue plainte bruyante annonce l'arrivée d'une bande de grands cacatoès noirs à queue rouge ; ils se dispersent au pied des arbres ou sur leurs troncs. Tels des pics-verts, par des coups de leurs becs puissants, ils extraient les insectes cachés sous l'écorce ou dans les racines.

Un peu plus loin, un wallaby au pelage doré émerge d'un buisson rouge de waratah. Il s'en va tranquillement, rebondissant sur le sol comme un jouet mécanique.

Pour vivre dans les gorges profondes des montagnes bleues, être capable de s'accrocher aux parois des abîmes, l'eucalyptus acceptera de devenir solitaire, de perdre son fût rectiligne, de n'être plus qu'un simple petit arbre. Mais, pour ne pas être anonyme, il créera les paysages irréels de ce massif montagneux. Au-dessus des flots tumultueux des gigantesques cascades formées par les rivières lorsqu'elles rencontrent une faille, il laissera échapper des myriades de gouttes d'huile microscopiques qui bleuissent les vapeurs d'eau, intensifient le phénomène de réfraction de la lumière. Dans cet air devenu bleu cobalt, un peu flou, fortement embaumé, parcouru par des arcs-en-ciel féériques, les petits fûts blancs, roses ou ocre de l'eucalyptus donnent au paysage l'allure d'une forêt enchantée.

Sa progression d'est en ouest l'amène aux abords du plateau continental et de son aridité. Cette fois, il ne trouve aucune combinaison génétique pour continuer son extension triomphante. L'une d'elle lui permet tout juste de ne pas disparaître complètement et de vaincre le minéral en acceptant le nanisme du mallee, arbuste rabougri, aux formes noueuses, d'une hauteur ne dépassant pas dix mètres ; ou encore de consentir à pousser à grande distance de ses congénères pour arborer les savanes. Sur les sols les plus stériles, les plus secs, il accepte de devenir le gommier spectre et de vivre en solitaire, beau ou malingre fantôme blanc dressé sur l'océan rouge du désert ou accroché dans une fissure de falaise. Il s'incline devant la victoire de l'acacia, l'autre espèce dominante qui, elle aussi, sait prendre la forme naine pour mieux coloniser certaines terres sèches et les recouvrir de buissons impénétrables. Seul le casuarina du désert trouvera la solution pour venir se confronter à ces deux essences.

COULEURS ET MUSIQUE DANS LA FORÊT SÈCHE

Pour continuer à dominer dans la forêt sèche qui apparaît lorsque les précipitations descendent entre quatre cents et six cent cinquante millimètres par an, l'eucalyptus a dû faire appel à la multitude de ses variétés. Dans cette forêt-bouquet, le voici gommier blanc, gommier tacheté ; ou encore gommier résineux dont les fleurs roses faites de longues lamelles sortent par paquet de sept d'un calice à l'aspect de cuir ; et aussi eucalyptus-de-sang dont la sève rouge suinte par les fissures de l'écorce claire éclatée ; gommier rouge de Sydney aux branches torturées qui revêt un petit air exotique incongru ; coolabah, plus rare, supportant le gel comme les 50° de l'été ; enfin, à l'ouest, le somptueux jarrah, géant de la forêt sèche ; et tant d'autres.

Dans cette forêt lumineuse, l'eucalyptus accepte parfois la compagnie du casuarina dont le feuillage frémit comme les plumes de l'oiseau-marcheur auquel il doit son nom ; celle du petit acacia doré devenu l'emblème floral d'Australie ; de l'acacia longifollia aux fleurs en épis dont les cimes abritent d'innombrables buissons fleuris de banksia toujours verts, baptisés ainsi en souvenir du botaniste anglais Bank, arrivé avec Cook en 1770 sur l'Endeavour, le premier à s'émerveiller d'une flore aussi riche qu'inconnue ; de buissons comme l'olive-gréville, dont les fleurs rouges éclatent comme des joyaux tout au long des branches.

Les différentes espèces d'eucalyptus en compétition dans la forêt sèche se sont livrées une guerre sans merci pour se maintenir dans cet habitat. Pour cela, chacune d'elles est arrivée à se diversifier dans son aspect général, mais surtout par la forme et la couleur de ses fleurs de plus en plus grandes, de plus en plus colorées, odorantes, riches de suc, en un mot performantes dans leur rôle de reproductrices devant attirer les oiseaux et les possums, leurs agents fécondateurs. Ces fleurs, au cours de millénaires, ont acquis des formes et une beauté insolites : parfois, elles sont surmontées de grosses anthères rondes d'une couleur différente de leur corolle, ou encore elles ont supprimé leurs pétales pour faciliter la dispersion du pollen. Dans cette forêt, l'eucalyptus resplendit comme l'une des plus belles plantes fleuries !

Dans la lumière crue des frondaisons et dans celle plus douce de leurs dessous, des centaines d'oiseaux aux couleurs acides vont et viennent, faisant résonner l'air de leur cacophonie. Des perruches, des lorriquets, de multiples espèces de perroquets, le plus souvent en bandes de plusieurs centaines, se posent sur les cimes fleuries. Après quelques secondes de dégustation dans le doux gazouillis de leur contentement, leur plumage alors imprégné de pollen, tous s'envolent dans le bleu du ciel, tel un feu d'artifice, en criant fort et longtemps pour rappeler aux autres que ces espaces aériens sont leur territoire. Puis, avec le même ensemble, ils se laissent tomber sur d'autres frondaisons et fécondent les fleurs femelles par la poussière jaune qu'ils transportent. Une image de l'interdépendance du végétal et de l'animal éclatante de couleurs et de musique !

Et le voyageur s'étonne de voir l'eucalyptus agir comme s'il connaissait les risques de l'autofertilisation, comme s'il savait que le polymorphisme, continuellement entretenu, était le seul capable de promouvoir l'extension du vivant. Il est, en quelque sorte, comme l'est l'acacia, l'autre essence dominante, un hymne à la différence !

Sous les frondaisons fleuries, le sol se recouvre d'un tapis de feuilles mortes qui ne se putréfient pas aussitôt comme celles de la forêt humide. Aussi, la couche de détritus du sous-bois augmente sans cesse pour atteindre parfois près d'un mètre. Il suffit de peu de chose pour qu'elle s'enflamme. Lorsqu'un foyer s'allume, il n'est pas rare que d'autres lui succèdent car la chaleur détache des lambeaux d'écorce en flammes que le vent soulève et entraîne au loin. Là où ils tombent, un autre incendie éclate, dans les cimes ou au sol. La nuit, vus d'avions, ces feux sont aussi magnifiques qu'inquiétants. Ils font partie du paysage australien.

Lorsque le calme revient, les eucalyptus, protégés par leur épaisse écorce noircie par les flammes, libèrent aussitôt les bourgeons qu'ils tenaient en réserve dans leur tronc et leurs branches. Leurs graines au sol, enfin dégagées de leur coque trop dure que seul l'incendie pouvait faire éclater, commencent bientôt à germer. Peu de temps après, la forêt renaît, rajeunie par le feu, un ennemi converti en allié après des millénaires de tâtonnements.

C'est dans cette forêt que l'on rencontre le lézard lace-monitor, le plus grand lézard d'Australie avec ses 2,50 mètres de la tête à la queue. Un excellent grimpeur qui se plaît aussi bien dans les cimes que sur le sol ; le lézard-dragon, exacte miniature du monstre imaginaire que l'on peut voir grimper facilement à un arbre grâce aux coussins adhésifs du dessous de ses pattes ; et l'échidné, qui avance cahin-caha, abrité sous sa carapace de piquants bruns tachés de blanc. Le possum-à-queue-en-brosse dort tranquillement dans le creux d'un eucalyptus pendant que le kangourou gris en fait autant dans un taillis fleuri. Et, tout en haut des cimes, difficile à voir, une femelle koala rêve, bien installée à l'intersection de deux grosses branches, ses membres antérieurs ramenés sur son abdomen, indifférente aux soubresauts de son petit dans sa poche marsupiale. Le bourdonnement des cigales géantes s'élève au-dessus du craquement des feuilles mortes malmenées par des myriades d'insectes. La sérénité de la forêt sèche, aérée et fleurie, s'empare du voyageur pour sa plus grande joie.

III - SORTILÈGE DES DÉSERTS

Pendant longtemps les Australiens regrettèrent que leur pays fut constitué par quarante-trois pour cent de déserts ou de terres arides, vingt pour cent de terres semi-arides, et plus de sept pour cent de roche nue, à tout jamais inculte. Ils l'acceptaient d'autant plus difficilement que trente-neuf pour cent de leur pays se trouvent sous les tropiques !

Au début de la colonisation, la découverte de terrains aurifères dans ces terres ingrates les rendirent tout à coup moins allergiques aux immensités "mortes". Des foules entières s'y ruèrent dès que les premiers chercheurs trouvèrent d'énormes pépites dans les lits asséchés des rivières, dont un bloc d'or pur de neuf cent soixante grammes. Puis, la fièvre de l'or disparue, les déserts redevinrent ce qu'ils avaient toujours été pour les Occidentaux, des immensités où l'homme Blanc ne pouvait survivre bien longtemps.

Cependant, des solitaires, envoûtés par la magie des immensités rouges autant que par l'obsession du minerai, continuaient leurs recherches. Entre les années 60 et 70, ces hommes, simples rêveurs ou géologues chevronnés, tels des magiciens, firent sortir d'immenses richesses minières des entrailles des déserts. Nous l'avons vu, tous les minerais étaient en effet présents dans les régions les plus arides, le plus souvent à haute teneur ; et en quantités colossales. Le continent le plus plat, le plus sec de notre globe s'avéra soudain le plus riche pour notre époque industrielle.

Le survol du continent à bord d'un petit avion donne au voyageur de grandes et belles émotions. Au-delà de la bordure côtière de l'est, le vert, la couleur de la vie, disparaît. L'appareil survole des étendues sans relief où les rouges, dans toute leur multitude, se succèdent, s'imbriquent ou s'isolent. L'ocre profonde domine, devenant par instant le fauve le plus riche ou le rose le plus tendre. Voici une grande tache pourpre cerclée de vermillon étincelant ; puis, sous la lumière changeante du ciel, le vermillon éclate en un violet agressif ; à moins qu'il ne devienne le mauve le plus subtil. Le temps passe et toujours les couleurs d'un ailleurs défilent. Le regard s'y habitue et s'attarde alors sur l'étrange topographie du pays.

Solitaire dans l'immensité plate, voici une colline de roches nues, fortement stratifiées, qui tombe à pic sur une cuvette sablonneuse d'où l'eau de la mer s'en est allée. Voici sur le sol brique, les gigantesques nervures blanches d'un réseau fluvial asséché qui autrefois reliait les innombrables lacs salés, nés du retrait de la mer intérieure ; aujourd'hui, ces lacs ne sont plus que d'immenses surfaces argentées où brillent les cristaux de sel laissés là par des eaux qui, une fois ou deux par siècle apparaissent soudainement ; puis, les pics dentelés des monts Flinders, d'un bleu plus soutenu que celui du ciel apparaissent dans le lointain ; suivent d'interminables vallées longitudinales de sable blanc qui contournent des falaises de roches rouges et lisses, et qui étonnent par l'absence, à leurs pieds, du va et vient de l'écume de la mer.

Au centre du continent, l'avion survole les 1 200 mètres des Macdonnell, ancien massif montagneux important dont les flancs mis à nu par l'érosion ont été sculptés par les vents et les pluies en d'étranges ondulations rondes et semblables, qui, telles des pierres tombales, se succèdent pour se perdre dans un horizon infini. Dans la grande plaine centrale aux couleurs fauves, à travers la brume scintillante des poussières de cristaux d'un lac salé asséché, voici le mont Connor, parfait parallélogramme à toit plat, dont les côtés lisses et verticaux se drappent dans un voile bleuté. Et, pratiquement au centre du continent, voici Uluru, Ayers Rock, le monolithe sacré des hommes bruns, dont le dôme lisse change de couleur de façon spectaculaire au lever et au coucher du soleil. Un peu plus loin, Kata Tjuta, les monts Olga, gigantesques cloches à l'aspect aussi poli que le premier. Partout la terre offre aux regards la nudité du minéral, pudiquement paré de couleurs inhabituelles dont l'étrangeté et la beauté ne cessent d'étonner.

LES DIFFERENTS VISAGES DU DÉSERT

En temps normal, le désert australien prend le plus souvent l'aspect d'une steppe herbeuse dominée par le spinifex ou herbe porc-épic qui a eu assez de talent pour coloniser vingt pour cent des terres du continent. Ses mottes rondes aux longues aiguilles piquantes, plus ou moins espacées, s'étendent sur le sol rouge étonnamment plat qui donne au ciel des dimensions inhabituelles, fort impressionnantes. Les dunes de sable, rarement mobiles, portent souvent quelques touffes de Troïdia à leur base. Les étendues minérales australiennes, pas plus que les étendues végétales, ne ressemblent à rien d'autre au monde.

Sur la carte, les noms des déserts de sable se succèdent, entourant d'une manière presque ininterrompue les massifs érodés et la grande plaine aride du centre. Au sud-est, le désert de Simpson se reconnaît à ses dunes rouges longilignes qui s'étirent nord-nord-est sur des centaines de kilomètres. Plus haut, au pied de la chaîne des Macdonnell dans laquelle le Simpson fait une trouée, le désert de Tanami, à peine séparé du Grand Désert de Sable du nord-ouest, dont les dunes viennent mourir dans les flots de l'Océan Indien. Lui faisant suite et s'étendant avec lui sous les tropiques, le désert de Gibson. Enfin, au sud, le Grand Désert du Victoria qui ferme la boucle en lançant vers l'est quelques-uns de ses mamelons à la rencontre du Simpson.

Des relevés topographiques aériens ont révélé que, par leur orientation différente, les dunes de ces déserts traçaient au sol un gigantesque tourbillon autour du cœur du continent. Mystérieuse création des éléments naturels, commencée dans un lointain passé géologique, lentement enfanté par l'action des mers et des rivières intérieures, par les vents quand vint l'assèchement des terres, et par une ceinture de très haute pression atmosphérique qui, aujourd'hui encore, bien qu'amoindrie, continuerait à jouer un rôle important dans le maintien de ce phénomène.

Le désert de Gibber, du mot aborigène signifiant pierre, représente la forme la plus aride des déserts australiens. Ses étendues infinies offrent différents aspects. Parfois, elles sont recouvertes d'une couche très épaisse mais peu régulière de grosses pierres apparues sur une surface partiellement désintégrée au fur et à mesure que l'argile du sol se dilatait et se contractait. Ailleurs, des pluies exceptionnellement violentes, véritables déluges, ont réduit l'épaisseur de cette couche ; le désert est alors constitué d'un sol uniforme sur lequel la taille des pierres varie des plus grosses au plus petites. Dans d'autres régions, les rares inondations ont apporté une croûte dure de sédiments formés au-dessus ou près de la surface de la Terre par la montée et l'évaporation d'une eau souterraine chargée en minéraux. Ces sédiments, plus fins, ont subi le processus de l'érosion qui les a sculptés en petits cailloux ronds de silice, d'alumine ou de fer, de la grosseur d'un petit pois. Ailleurs encore, le désert se pare de quartz blanc, de roches noires parfaitement polies par le vent chargé de sable, de porcelanite, de calcédoine translucides transformées par endroits en jaspes jaunes, rouges, bruns ou noirs. Leurs cristaux captent les rayons du soleil et les renvoient en réfléchissant une lumière rouge étincelante.

Sur ces vastes étendues, l'érosion continue son action. Le processus d'exfoliation diminue lentement le volume de certaines pierres et, par endroits, le niveau de la plaine s'abaisse.

Même l'acacia a bien du mal à s'adapter à une telle aridité. Seuls quelques buissons de mulga rabougris trouvent de quoi subsister dans un ravin où se déversent les eaux des rares pluies (cent vingt millimètres par an). Parfois un sous-sol un peu plus riche permet l'existence d'un bouquet d'arbustes. Contrairement aux espèces végétales, des espèces animales ont réussi à coloniser ces étendues minérales : des insectes, des lézards, comme le lézard serpentiforme et le scinque, des serpents, comme la vipère de la mort, — death-adder snake — redoutable mais mal nommée car les vipéridés sont absents d'Australie, des scorpions rouges, dont le venin n'est pas mortel, des petits marsupiaux et des rapaces tous vivant les uns des autres, ayant su créer la chaîne alimentaire qui leur permet de coloniser ces régions et de s'y multiplier.

Indifférentes à ces quelques présences, chauffées par un soleil torride, les pierres dégagent leur chaleur dans un doux murmure.

LES FLEURS, MIRACLE DU DÉSERT

Malgré cette sécheresse apparente et bien que l'Australie soit le continent le plus sec de notre globe, les indices d'aridité ne sont pas les plus élevés car, avec une moyenne de 25 cm et un minimum de 12,5 cm par an, les pluies sont partout plus abondantes que dans les déserts de l'hémisphère nord. Mais ces précipitations sont très irrégulières par leur fréquence (il peut se passer des années sans pluie) et par leur quantité, cette dernière pouvant varier de un à dix. Parfois, elles font verdir les crêtes des dunes de sable, pouvant même tranformer des régions désertiques en régions verdoyantes dans lesquelles les arbres poussent en quelques mois, les fleurs en quelques jours.

C'est autour des lacs jusqu'alors asséchés, que la métamorphose du paysage est la plus spectaculaire. Le peu d'eau que reçoit la terre redonne vie aux racines qui ont acquis le pouvoir de résister pendant des années à la sécheresse ; rapidement, tiges et fleurs recouvrent les rives, les dépassent, s'étendent sur des kilomètres et partent à la conquête du désert. C'est en Australie de l'ouest que leur étendue, leur profusion et leur diversité sont peut-être les plus grandes. Toutes étonnent par les prouesses d'adaptation qu'elles ont su déployer. La fleur du midi, (Dysphyma australe), a fait l'économie de pétales pour que ses étamines, qui ressemblent à une collerette rose ou mauve, puissent plus rapidement offrir leur pollen aux insectes, aux oiseaux ou au vent ; tout se passe comme si la plante connaissait le peu de temps qui lui était imparti pour perpétuer son espèce. En quelques jours, elle se multiplie tout autour des rives ; de chaque nœud, sort une racine qui la maintient sur le sol glissant des dunes et lui assure ainsi sa progression. Ses fleurs, belles et fragiles, apparaissent parmi de petites feuilles charnues et cylindriques qui emmagasinent rapidement l'eau qui les maintiendra en vie quelque temps une fois la sécheresse revenue. Les fleurs des pois de Swainsona couvrent les immensités aussi loin que porte le regard, leur forme étonnamment mise en relief par l'air cristallin, leur couleur violette contrastant violemment avec le bleu intense du ciel. Pour se maintenir sur un sol aussi peu généreux, elles ont elles aussi modifié leurs organes de reproduction, faisant parfois porter à une seule de leur tige plus de cinq mille fleurs ! Les étendues de pois de Sturt sont également très impressionnantes. Sur des kilomètres, elles forment un parterre rouge aussi plat et uniforme que s'il avait été dessiné par l'homme ; des milliers d'yeux globuleux, le centre de la fleur, semblent épier le voyageur solitaire qui, dans ce paysage où rien n'arrête le regard, se sent comme transporté dans un autre monde. Avec les pluies, les lacs connaissent aussi le pullulement de la vie animale. Des milliers d'oiseaux viennent nidifier plusieurs fois de suite car, ici, c'est l'eau et non les saisons qui détermine l'époque des amours. Comme les fleurs, de petits arbustes et autres végétaux se hâtent de conquérir du terrain, attirant aussitôt une armée de petits marsupiaux et des rats velus qui parfois envahissent la petite ville d'Oodnadatta, au nord-est du lac Eyre.

Mais cette exubérance ne dure pas. Avec le retour de la sécheresse, les fleurs meurent, les oiseaux repartent vers des ciels plus cléments, les rats s'évanouissent miraculeusement, la taupe marsupiale couleur sable, riche de sa réserve d'eau, s'enfonce dans le sol où elle pourra vivre des années sans boire. Les lacs redeviennent des immensités argentées, craquelées, retrouvant leur biotope habituel. Les "miracles" du désert sont de courte durée ! C'est une grande chance que de pouvoir y assister.

IV - LES ANIMAUX D'AUSTRALIE

Au cours des millénaires, au rythme de la colonisation du minéral par le végétal, des niches écologiques se créeront, se nuanceront, se multiplieront. Au fur et à mesure de leur apparition, les quelques espèces animales arrivées à l'époque secondaire sur des radeaux de bois flottants ou d'éphémères ponts de terre, commandées elles aussi par l'instinct de conservation et d'extension, réussiront à se diversifier autant de fois qu'il leur sera nécessaire pour s'adapter au mieux à ces différents habitats.

Etrangement, dans une certaine mesure, leur diversification se fera parallèlement à celle des mammifères supérieurs des autres continents. Ainsi, la souris marsupiale adoptera les mêmes formes que la souris placentaire alors que ces deux animaux sont plus éloignés l'un de l'autre que l'homme ne l'est de cette dernière ! Sur cette gigantesque Arche de Noé, un équilibre unique au monde se créera et engendrera des plaines, des savanes, des forêts, composées en majorité d'espèces végétales inexistantes sur les autres continents et peuplées d'animaux partout ailleurs disparus ou n'y ayant jamais vu le jour.

Miraculeusement arrivée jusqu'à nous, cette terre semblable à aucune autre, apportera au monde moderne la connaissance de la phénoménale multiplicité d'expressions de la vie contenue dans une seule de ses formes ; elle confirmera également combien les êtres vivants d'une même planète sont, physiquement et psychiquement, modelés par la même grande loi de la nature.

LA SURPRISE DES SCIENTIFIQUES

A leur arrivée, les Blancs furent étonnés par la familiarité de la plupart des animaux. Ce qui fit dire au capitaine Phillip : "Ils nous prennent pour des phoques". Lorsqu'un chasseur ratait un kangourou, ce dernier, intrigué par le bruit, venait vers l'homme voir ce qui se passait. Les wombats creusaient le plancher des maisons pour chercher la compagnie humaine. Quant aux possums [1], les plus familiers, ils n'hésitaient pas à entrer dans les habitations, sauter sur une table et saisir ce qui leur faisait envie. Casoars et émeus et certaines espèces d'oiseaux n'étaient guère plus farouches. Ce fut l'un des grands étonnements des premiers colons qui, sans mal, purent les tuer à satiété. L'autre étonnement fut bien sûr de découvrir que tous avaient une poche ventrale

(1) En Amérique du Sud vit l'opposum, une autre espèce de marsupial.

dans laquelle se tenaient leurs petits. A l'époque, les zoologistes anglais comme les autres zoologistes occidentaux avaient tendance à penser que tout avait été classifié par la science occidentale et que les étranges animaux d'Australie devaient entrer dans l'une de ces classifications. Il leur fallut longtemps avant de reconnaître que leur classification devait être complétée. Ils le firent de la manière la plus simple : puisque ces animaux à poche allaitaient leurs petits, ils formeraient une sous-classe des mammifères, sous l'étiquette marsupiaux, du mot latin signifiant bourse.

Ce fut la découverte des monotrèmes qui entraîna la plus grande émotion et, pendant un temps, divisa le monde scientifique. En effet, lorsque la dépouille d'un ornithorynque arriva à Londres, elle fut attribuée par certains à l'adresse d'un taxidermiste chinois. Car il était bien entendu impossible qu'un bec de canard, une queue de castor, des pattes palmées de loutre, un ergot venimeux de serpent crotale se trouvent assemblés sur le corps d'un même animal ! Et lorsqu'un télégramme annonça que cet animal pondait des oeufs et allaitait ses petits, ce fut une véritable révolution dans la communauté des savants. Puis, il fallut bien s'incliner. Un tel animal existait. Puisqu'il pondait des oeufs comme un reptile, allaitait ses petits comme un mammifère, le monde scientifique en conclut qu'il représentait le stade transitoire entre les reptiliens et les mammifères. Il formerait une autre sous-classe des mammifères sous le nom de monotrèmes. L'échidné reçut la même étiquette en tant que second représentant de cette sous-classe. Sa découverte souleva moins d'émotion car il ressemblait trop au hérisson. Un hérisson avec une poche ventrale se formant au moment de la ponte, nourrissant ses petits par le lait suintant à travers la peau de la zone mammaire. Les deux monotrèmes avaient réussi à s'adapter à un climat tempéré, continental et tropical. Tous deux apportaient le témoignage jusque-là inexistant d'une évolution entre les reptiliens et les mammifères.

D'une manière plus spectaculaire que celle des végétaux, la sous-classe des marsupiaux apporta à l'Occident la démonstration des fabuleuses capacités de diversification d'une forme de vie lorsque le temps, l'absence de compétition, l'absence de prédateurs lui permettent d'exploiter au maximum son capital génétique.

En effet, à l'arrivée des Occidentaux, à l'abri des grands carnassiers apparus seulement au tertiaire et qui n'avaient pu franchir les mers pour se répandre sur le continent, l'ancien stock marsupial avait eu le temps d'exploiter au maximum son capital génétique afin de coloniser les multiples habitats construits par les végétaux ; il avait eu le temps de multiplier ses apparences et de transformer ses besoins alimentaires en fonction du milieu convoité dans lequel, au début, il avait eu grand mal à survivre. Chaque habitat favorisant l'apparition de caractères physiques et physiologiques particuliers, les ancêtres des marsupiaux évolueront de cent trente manières différentes, d'où leur cent trente espèces répertoriées à ce jour.

Les plus attachants des animaux d'Australie, les possums, les koalas et les kangourous, illustrent parfaitement bien les multiples possibilités trouvées dans les gènes du stock primitif, et exploitées depuis leur arrivée sur cette terre.

Tous appartiennent au groupe des Diprotodons. Ils ont subi une modification de la patte arrière : le deuxième et le troisième doigt se trouvent unifiés jusqu'à l'ongle et ont pris la fonction d'un peigne que l'animal utilise pour sa toilette.

LES POSSUMS

En mutant quarante-quatre fois, les ancêtres des possums ont réussi à conquérir une multitude de niches écologiques, aussi bien en régions tropicales qu'en régions tempérées. Pour cela, au fil des millénaires, leur taille variera de celle d'une taupe à celle d'un chat. Certains, par leur dentition, apportent le témoignage de leur ancien état d'insectivores vivant au sol associé aujourd'hui avec les caractéristiques d'animaux arboricoles, comme le pouce opposable, les membres plus longs, et la queue généralement préhensile. Cette nouvelle vie dotera certains d''entre eux de moeurs se rapprochant de celles des oiseaux, à savoir une nourriture faite surtout de fleurs et de nectar, la construction de véritables nids et l'apparition chez certains, sur chaque côté du corps, d'une membrane qui s'ouvre lorsque l'animal étend ses quatre pattes à l'horizontal ; cette dernière lui permet des vols planés qui, chez le possum noir, peuvent couvrir les cent vingt mètres séparant un arbre d'un autre. Rien ne permet d'affirmer ou d'infirmer que leur évolution est terminée et qu'un jour les possums ne seront pas capables de voler.

De nombreuses espèces de possums sont les parallèles d'espèces placentaires, tels les écureuils et les singes. Ce sont les seuls marsupiaux que l'on rencontre encore dans différentes parties d'Australasie.

Contrairement à ce qu'il advint à d'autres marsupiaux, l'arrivée des Occidentaux ne fit pas reculer leur domaine. A nouveau, ils s'adaptèrent très vite à ce qu'ils considérèrent probablement comme une nouvelle et fort intéressante niche écologique. Ils s'implantèrent en effet dans les régions habitées, s'installant sous les toits, dans les arbres des jardins, partout à proximité de ce qui leur semblait une source possible de nourriture, n'hésitant pas à venir se servir eux-mêmes. Considérés comme des animaux nuisibles dès le début de la colonisation, ils avaient pratiquement disparu des régions habitées. Puis, après la prise de conscience par les Australiens de la valeur inestimable de leur faune, et grâce au courant de pensée écologique extrêmement présent et actif des dernières décennies, le possum a réapparu dans les régions habitées, même dans les maisons des villes lorsque celles-ci sont entourées d'un peu de végétation. Ceci à la joie de la plupart des propriétaires australiens d'aujourd'hui.

La femelle possum, comme tous les marsupiaux, procrée en deux temps. L'embryon est tout d'abord expulsé de l'utérus alors qu'il n'est pas plus gros qu'une tête d'épingle ; ensuite, il arrive miraculeusement à se propulser jusqu'àu marsupium, poche ventrale, où il termine sa gestation durant deux semaines environ. La poche marsupiale est ouverte en hauteur, très profonde pour assurer la sécurité des petits lors des sauts acrobatiques de la mère. Dès sa sortie de la poche, le petit s'accroche sur le dos de cette dernière ; il devient indépendant au bout de trois mois. Contrairement aux femelles koalas et kangourous, les possums donnent parfois naissance à deux petits, quelquefois à quatre.

LES KANGOUROUS

L'ancêtre de la famille des kangourous, ou macropodidea, dut lui aussi évoluer de multiples façons pour satisfaire son instinct d'expansion ; quarante-cinq précisément qui, scientifiquement, représentent trois sous-familles. La plus spectaculaire et la plus importante est celle des grands kangourous incluant à la fois : le kangourou rouge et le kangourou gris adaptés par leur taille pouvant atteindre deux mètres, et leurs performances de vitesse de déplacement aux grands espaces désertiques et semi-désertiques ; le wallaroo ou euro, un peu plus petit, à la teinte gris doré, habitant des forêts claires et des savanes arborées ; le wallaby, beaucoup plus petit, qui a réussi à se répandre dans toute l'Australie, et enfin le kangourou dit dendrolague qui, après quelques modifications anatomiques, est devenu un animal arboricole. La deuxième famille est représentée par les kangourous-rats qui ont colonisé les espaces semblables à ceux de nos rats des champs. Enfin, le kangourou-musqué représente à lui seul la troisième famille.

Au cours des millénaires de sécheresse, la femelle kangourou a réussi à modifier ses organes sexuels de manière à tenir en réserve un deuxième ovule fécondé. Lors d'un premier rapport sexuel, un ovule va se fixer dans un de ses deux utérus [(1)], s'y développe le temps requis [(2)] pour qu'un embryon d'un gramme au plus sorte du corps de la mère, grimpe le long de sa fourrure jusqu'au marsupium où sa bouche se trouve soudée à la tétine qu'il réussit à saisir. Ainsi nourri, son développement se poursuit. Survient alors un autre rapport sexuel au cours duquel un autre ovule est fécondé. Il se fixe dans le deuxième utérus et, très vite, entre dans une phase dormante. Si aucun accident n'arrive au premier foetus, généralement au bout de cinq mois, ce début d'embryon meurt. Dans le cas contraire, il poursuit un développement normal. Cette faculté pallie la naissance unique [(3)] et la mortalité souvent élevée des jeunes dans les régions arides ; car, dans les régions plates et désertiques du centre, les jeunes sont des cibles faciles,

(1) Les marsupiaux ont deux utérus.

(2) La période de gestation varie suivant les espèces de vingt-deux à trente-huit jours.

(3) Deux naissances sont exceptionnelles.

principalement pour les oiseaux de proie et les pythons. C'est probablement pour cette raison que le jeune kangourou rouge ne fait sa première sortie du marsupium qu'au bout de cent quatre-vingt-dix jours et pour quelques minutes seulement.

Le kangourou a également développé un certain sens qui lui permet, en cas de grande sécheresse, de converger pendant des centaines de kilomètres vers le seul point d'eau disponible. C'est lors de ces périodes que l'on peut voir des centaines de kangourous venus de tous les points cardinaux, réunis autour du seul marigot non asséché.

En temps normal, le kangourou est un animal solitaire. Mâle et femelle vivent séparément, ne se rencontrant qu'à de rares occasions. Ils sont ainsi moins vulnérables et la nourriture plus facile à trouver.

Champion de l'adaptation à la sécheresse, le kangourou va aussi savoir profiter de la présence des éleveurs. En effet, malgré les massacres incroyables du passé et du présent, d'une manière générale il y aurait plus de kangourous qu'avant l'arrivée des Blancs. Ils profitent en effet des points d'eau installés pour le bétail, du déboisement des forêts au profit de pâturages. Cependant, certaines espèces sont menacées car leur habitat est soit détruit, soit en voie de destruction.

KANGOUROU DEVENU ARBORICOLE

Le kangourou arboricole ou dendrolague est une belle illustration des fantastiques capacités d'adaptation de cette famille. En effet, alors que les autres espèces semblent n'avoir subi qu'une longue transformation leur permettant de vivre au mieux dans leur habitat, le kangourou arboricole qui, lui aussi avait connu cette transformation et par conséquent acquis les caractères physiques de cette famille, pour une raison inconnue, fut tout à coup obligé de se réfugier dans les arbres.

Pour se faire, par un mystérieux processus, son corps s'est à nouveau lentement transformé. Ses membres inférieurs, ne servant qu'occasionnellement à se déplacer à terre, se sont raccourcis ; ses pieds arrière qui, lors de son adaptation au sol s'étaient allongés pour permettre une locomotion plus aisée et rapide, ont repris leur petite taille tout en s'épaississant et en se dotant de coussinets rugueux, empêchant le glissement le long des branches, ainsi que de fortes griffes recourbées qui se plantent dans le bois lors de ses sauts dans les arbres. De plus, son ancienne queue de kangourou terrien a petit à petit changé de fonction et en même temps de forme ; servant dorénavant uniquement de balancier, elle s'est affinée, est devenue plus flexible ; elle s'est également dotée d'une grosse touffe de poils à son extrémité qui fait office de gouvernail ou de sonde selon les nécessités. Sa dentition a régressé vers ce qu'elle était alors qu'il n'était qu'un petit animal herbivore de l'ère secondaire. Aujourd'hui, malgré sa taille pouvant atteindre un mètre quatre-vingts de la tête à la queue, il est capable de faire des sauts de vingt mètres d'un arbre à l'autre. La vue de ce lourdaud se déplaçant avec agilité dans les hautes branches de la forêt pluviale étonne, émeut même, lorsque l'on pense à tous les efforts qu'il lui a fallu faire pendant des millénaires pour en arriver là, et à tous les autres qu'il lui reste à faire, pendant d'autres millénaires, avant qu'il n'ait parfait sa morphologie d'animal arboricole !

LE KOALA

Le koala, deuxième grande vedette animale australienne, serait issu de la même souche reptilienne que le wombat, tous deux apparentés au koalemus, animal marsupial géant de la fin du tertiaire et du début du quaternaire, disparu lors du changement climatique survenu à cette période. Le koala aurait survécu à la sécheresse grâce à certains gènes qui lui permirent de prendre une taille et probablement des habitudes alimentaires légèrement différentes. Sous cette nouvelle forme, il réussit, pendant un temps, à coloniser tout le continent australien. Puis, après un nouveau changement climatique qui entraîna la mort d'une certaine flore, il disparut de nombreuses régions, réussissant tout de même à s'adapter lentement en milieu tropical et tempéré pour finir par devenir arboricole.

D'horizontale, sa station devient le plus souvent verticale et bien sûr sa nourriture change. Lentement, au fil du temps, un muscle se forme afin de fermer le marsupium dont l'ouverture par le bas n'offre plus de sécurité pour les petits. Son intestin commence lui aussi à se transformer en dotant son extrémité d'une sorte d'appendice très développé dans lequel prolifèrent une grande quantité de bactéries symbiotiques indispensables à la digestion d'une nourriture devenue différente. Cet ajout digestif lui permet aujourd'hui de digérer les feuilles d'une douzaine d'espèces d'eucalyptus seulement, alors qu'il en existe plus de six cents. De plus, à certaines saisons, ces feuilles deviennent nocives et le koala doit partir à la recherche d'autres espèces consommables. Cette performance digestive, et la connaissance de la nourriture comestible ne sont pas instinctives. Le bébé koala, avant d'être sevré, est progressivement conditionné à ce genre d'aliment par l'absorption en petites quantités d'excréments de la maman, imposée par cette dernière. Puis, pendant un an, il apprend à choisir les feuillages, toujours sous la surveillance autoritaire et jamais défaillante de sa mère.

A l'arrivée des Blancs, l'habitat du koala s'était restreint à la côte est. Sa population s'évaluait alors par dizaines de millions car les hommes noirs ne le tuaient ni pour sa chair, ni pour sa fourrure. Son évolution, faite au cours de millions d'années d'isolement à l'abri des prédateurs, en avait fait un gros paresseux, curieux et sociable. Un animal facile à tuer.

La découverte du continent par les Blancs vint mettre fin à cette douce tranquillité. Dès cette époque, son histoire, comme celles de tous les animaux australiens, tourne à la tragédie.

Les colons le tuent d'abord pour se nourrir, car sa viande est un agréable dérivatif à la viande salée. Puis, si l'on en croit certains auteurs de l'époque, on le tue parce qu'il est facile à tuer, pour le plaisir de voir de petits cadavres accrochés aux arbres. En 1927, alors qu'ils avaient pratiquement disparu des autres Etats, le gouvernement du Queensland laissera tuer six cents mille koalas en quelques mois [1]. Lorsque la conscience populaire commence à s'émouvoir, on vend ces peaux sous le label "peaux de wombats". Il sera sauvé in extremis par une initiative privée, puis enfin déclaré animal protégé par le gouvernement. Sa population cessera de décliner pour augmenter légèrement. Mais la destruction des forêts d'eucalyptus, commencée dès le début de la colonisation et qui continue aujourd'hui, réduit de plus en plus son habitat. Or, la recherche d'une nourriture aussi spécialisée requiert de grands espaces. D'autant plus qu'il lui faut un kilo deux cent cinquante de feuilles par jour.

Depuis quelques décennies, à la difficulté de se nourrir, il doit ajouter la souffrance infligée par de nouvelles maladies comme le chlamydia, une maladie sexuellement transmissible qui le rend aveugle et stérile. Trouvera-t-il le moyen de s'adapter une nouvelle fois aux virus entrés chez lui avec le monde moderne ? Cela reste une question sans réponse.

Ainsi, au cours des millénaires, pour coloniser au mieux les différentes niches écologiques, le capital génétique originel des marsupiaux permit de faire naître des animaux d'apparence et de moeurs différentes, dont les tailles varient aujourd'hui de trente centimètres à deux mètres.

Les petits marsupiaux ont pu se multiplier grâce à la rareté de leurs prédateurs. Dans cette partie du monde il n'existait en effet pour les inquiéter que deux carnassiers marsupiaux, eux aussi : le tigre de Tasmanie ou thylacine et le diable de Tasmanie. Sur le continent, le thylacine, de la taille d'un chien, fut exterminé. Les Australiens espèrent qu'il se cache dans les profondeurs des forêts tempérées, pratiquement vierges, de l'île de Tasmanie.

Le diable de Tasmanie vit toujours dans différentes régions de Tasmanie [2].

(1) *The Great Extermination*, A. J. Marshall, page 37.

(2) Voir chapitre Tasmanie.

V - LES HOMMES NOIRS, PREMIERS OCCUPANTS DE L'AUSTRALIE

LA PLUS ANCIENNE CIVILISATION

Les premiers explorateurs puis colonisateurs de cette terre étrange furent des hommes noirs, les aborigènes d'Australie. Certains pensent que leur arrivée se fit par migrations successives au cours des glaciations qui ont entraîné un abaissement général du niveau des mers supprimant momentanément l'isolement du continent ; d'autres avancent l'hypothèse plus incertaine de peuplades poussées à la mer par une civilisation du Sud-Est asiatique techniquement plus avancée et qui, au fil des millénaires, se seraient répandues dans tout le continent, l'isolement de groupes humains donnant naissance à certaines particularités physiques.

Les intéressés prétendent avoir toujours vécu dans ce pays et rien dans leur littérature orale ne laisse imaginer qu'il en fut autrement.

Comme pour leur donner raison, les découvertes paléontologiques, les peintures et les gravures rupestres reculent sans cesse la date de leur arrivée, actuellement située à plus de quarante mille ans. Ce qui fait de leur civilisation la plus ancienne, celle de notre planète ayant réussi à perdurer le plus longtemps. Car il s'agit bien d'une véritable civilisation. Contrairement à ce que leurs caractères raciaux et leurs techniques primitives peuvent suggérer, les nombreuses études faites sur ces premiers habitants révèlent une civilisation où "l'économie, l'art et la religion sont interdépendants", une organisation sociale qui réussit la prouesse de pouvoir être flexible malgré sa rigidité dogmatique. En résumé, une société hautement évoluée, assurant à tous les individus une sécurité économique, sociale, et psychologique, donc une dignité, avec, au départ, les mêmes chances pour tous d'accéder à la Connaissance, Connaissance qui seule, aux dires des représentants de cette civilisation "permet à l'homme de s'extraire de sa "gangue animale" pour devenir un "homme véritable" et lui donne une raison de vivre fort enviable, comme nous le verrons plus loin [1]. Cette réussite, reconnue par les ethnologues, pourrait être la conséquence d'une évolution du psychisme au détriment d'une évolution technique. En effet, le peuple aborigène avait réussi à mettre en place une société religieuse reposant sur la forme la plus pure du totémisme, constituée de Grands Initiés formés lors d'épreuves qui ne sont pas sans rappeler celles des prophètes respectés, vénérés ou adorés par l'Occident ou l'Orient.

Ces Grands Initiés possédaient tous des pouvoirs que nous appelons paranormaux. Ils

(1) Voir chapitre Aux sources de l'Art.

croyaient à un Etre suprême qui, dans une matière informe du début des Temps avait façonné les Hommes sans avoir eu le temps hélàs, de les rendre parfaits. Puis, des créatures géantes, mi-hommes, mi-animaux, apparurent sur la terre alors qu'elle n'était qu'une immensité plate. Ces êtres dessinèrent les vallons, les montagnes, les cours d'eau, firent apparaître les monticules rocheux, tout ce qui, aujourd'hui, fait le pays. Ils édictèrent des lois et, avant de disparaître dans un monde parallèle, dirent aux hommes à peu près ceci : "Voici votre pays ; vous ne devrez jamais le quitter, et toujours veiller à ce qu'il reste inchangé". Depuis, les hommes noirs se considèrent comme les Gardiens de cette Création. Pour se faire, depuis des millénaires, à longueur d'année, ils vont d'un lieu cultuel à un autre pour célébrer leurs Grands Ancêtres, refaisant les mêmes gestes rituels que leurs héros sacrés, psalmodiant les mêmes textes, obéissant aux mêmes lois, maintenant ainsi leur monde à l'image de celui dont ils avaient hérité, rendant en quelque sorte "le passé, le présent et le futur interdépendants dans un rapport dynamique intervenant dans la vie quotidienne des hommes et des femmes." (1) Leur sentiment religieux "était une foi vivante, quelque chose d'absolument inséparable du mode de vie et de pensée de chaque jour, avec une liaison tellement forte (...) qu'il n'y avait pas de démarcation entre la vie séculière et la vie sacrée" (2). Les "édifices religieux" n'étaient autres que les créations topographiques des Grands Ancêtres, une colline, un rocher, une rivière, une falaise... Des créations minérales où, avant de quitter le monde perceptible des vivants, ils avaient abandonné une partie de leurs pouvoirs et de leur énergie ; pouvoirs et énergie transmissibles aux vivants au cours de cérémonies appropriées.

Pour un Occidental, le plus étonnant est de savoir que ces grands mystiques maintenaient intact un territoire sur lequel ils ne se reconnaissaient aucun droit de propriétaires. Car, disaient-ils, (et recommencent-ils à dire), "nous vivons en osmose avec notre pays comme le foetus dans le ventre de sa mère. De ce fait, il ne nous appartient pas, c'est nous qui lui appartenons." Une telle situation dans l'espace, à l'opposé de celle de leurs envahisseurs à qui le christianisme demandait de croître, de se multiplier, de remplir la terre, donc de la transformer, fit que leur présence sur le continent eut relativement peu d'influence sur leur environnement.

Les aborigènes semblent pourtant avoir exterminé les derniers animaux préhistoriques existant encore à leur arrivée comme le font penser certaines de leurs légendes et des découvertes paléontologiques. Et il est vraisemblable que les feux allumés lors de certaines chasses intervinrent plus ou moins dans l'extension du monde végétal. Mais, d'une manière générale, on s'accorde à dire que c'est sur un continent encore vierge de toute domestication par l'homme que les Anglais débarqueront quarante mille ans au moins après les hommes noirs.

(1) Malcolm Gordon.
(2) R. M. Berndt : Aboriginal Man in Australia.

RENCONTRE TRAGIQUE DE DEUX CULTURES

Le capitaine Cook, lors de son rapide passage, fut probablement le seul a deviner que les "sauvages" semblaient sages et sans problèmes de nourriture. Mais, au début de la colonisation, personne ne le devina ou s'en soucia. A l'époque, pour la moyenne des Européens, le fait que des hommes vivent nus suffisait pour les faire appartenir à une race intermédiaire entre l'homme et l'animal, comme certains l'écriront. Le massacre put commencer en toute bonne conscience.

A l'arrivée de la première flotte. il y aurait eu environ trois cent cinquante mille hommes noirs, divisés en six cent quatre-vingts tribus répandues sur tout le continent et parlant plus de cinq cents dialectes dérivés de deux cents langues se déclinant comme le latin. La densité des populations nomades ou semi-nomades augmentait avec la richesse des terrains. La côte est était donc la plus peuplée. C'est également sur cette côte que les Blancs avaient choisi de s'installer.

Ne pouvant imaginer que des hommes puissent quitter leur pays pour envahir celui d'autres hommes — le plus impensable des sacrilèges — fit que, dans un premier temps, les aborigènes n'imaginèrent même pas que ces êtres à peau blanche, " tellement laids", puissent être des hommes. Ils les prirent pour des parents décédés revenus sur terre ; cette erreur leur fut d'autant plus facile à commettre, qu'ils trouvaient que les Blancs sentaient la mort, que la couleur de leur peau rappelait celle des défunts après que la couche superficielle de l'épiderme ait été enlevée lors de la préparation du corps pour les rites funéraires. Aussi, dans un premier temps, d'une manière générale, non seulement ils ne combattirent pas leurs envahisseurs, mais ils furent plutôt enclins à les aider, à reconnaître dans leurs traits un parent ou un ami, et, aussitôt à faire bénéficier ces derniers de l'aide dictée par leurs lois, attendant d'eux la même attitude.

Lorsqu'ils prirent conscience de la réalité, puis lorsqu'ils comprirent enfin que leur magie était inefficace contre les pouvoirs des Blancs, qu'un peu plus tard encore, ils admirent que ces pouvoirs venaient d'une supériorité technique et non magique comme ils l'avaient cru, alors des tribus s'allièrent et combattirent vaillamment ceux qui apparaissaient enfin comme de vulgaires voleurs. Ils commencèrent une guérilla parfaitement organisée, alliant la guerre psychologique à la guerre effective, déployant courage, astuce, intelligence que seules quelques grandes âmes européennes de l'époque reconnurent ; les autres, qui venaient de les déposséder de leurs terres, de leurs lieux sacrés, de leurs points d'eau, de toute possibilité de vivre dignement, les accusèrent d'être d'horribles primitifs sournois et cruels. Pendant un temps, les aborigènes crurent que les actes répétitifs de cette guérilla menée isolément par de petits groupes d'hommes dans les nouvelles stations d'élevage par exemple, lasseraient les Blancs et les feraient repartir chez eux. Mais il était trop tard. L'Angleterre continuait à envoyer des colons. Toujours repoussés plus au centre, affamés, certains groupes essaieront dans un dernier espoir, de composer avec les Anglais en proposant le partage des points d'eau. Avec le succès que l'on imagine. Dès lors, les survivants vécurent dans des régions inhospitalières, ou le plus souvent, aux abords des stations, comme de pauvres hères. Ce fut la chute des Grands Initiés du Temps du Rêve.

La différence entre le massacre d'animaux et d'hommes est immense. Dans le premier cas, il suffit d'épargner un couple, de le mettre dans un zoo, pour que l'espèce se perpétue. Dans le second cas, en massacrant les premiers habitants avec un fusil, du poison ou simplement par les maladies volontairement transmises par la nourriture ou des couvertures, puis en repoussant les survivants hors des territoires sur lesquels se trouvaient leurs lieux sacrés, les Blancs détruisirent toute l'organisation sociale et religieuse des aborigènes. En leur volant leur dignité, ils leur volèrent leur âme. La population noire descendit rapidement à quelques dizaines de milliers d'individus, non seulement à cause des massacres, mais aussi parce que les femmes refusèrent de faire naître des enfants dans un tel monde.

Malgré tout, poussés par les lois biologiques inhérentes à toute forme de vie, les hommes noirs refusèrent de disparaître. Ils subirent la vie médiocre sinon misérable dans ce que, cyniquement, on appela "réserves", surfaces choisies dans les étendues les plus inhospitalières, considérées à l'époque comme à tout jamais improductives. Dans ces réserves, les aborigènes subirent le paternalisme souvent autoritaire des missionnaires de multiples appartenances, missionnaires qui, généralement, ignoraient tout de la religion traditionnelle. Lorsqu'enfin ils en prenaient conscience, ils n'y voyaient que source d'amoralité. Mais au moins, les protégeaient-ils des massacres toujours possibles des colons. Dans ce monde clos, envers et contre tout, en cachette du représentant du Dieu des Blancs, l'instruction des jeunes, que les Occidentaux appelleront initiation, et qui commençait dès la puberté pour se poursuivre jusqu'à un âge avancé, continuera un temps. Puis, la civilisation, pourtant quarante fois millénaire, connaîtra un tel déclin que les anciens hésiteront à transmettre la "Connaissance" à tous, ne la réservant qu'aux jeunes jugés dignes de la recevoir.

Cependant, les mentalités des Australiens blancs évolueront. Il faudra tout de même attendre 1967 pour que les premiers occupants de l'île-continent obtiennent une citoyenneté australienne à part entière. Ce qui n'empêchera pas les mesures discriminatoires de protection et de tutelle de continuer, permises par l'une des subtilités juridiques anglaises. Avec l'acquisition de la citoyenneté, les aborigènes accédaient également au droit à l'alcool, ce qui fut catastrophique et continue à l'être, particulièrement pour les groupes vivant aux abords des cités.

LES ABORIGÈNES AUJOURD'HUI

Actuellement, environ soixante-dix pour cent des deux cent quatre-vingts mille à trois cents mille aborigènes sont de sang mêlé et beaucoup d'entre eux sont physiquement plus proches d'un Australien blanc que d'un aborigène "full blood". Une éducation différente leur a permis de mieux s'adapter aux rouages et aux faiblesses de la civilisation occidentale.

En 1976, une législation permettant aux aborigènes de retrouver une partie de leurs droits fonciers, l'Aboriginal Land Rights Act, fut enfin votée, donnant naissance aux Aboriginal Councils. Ces assemblées sont formées par les représentants des communautés locales et ont un droit de contrôle administratif sur toutes les affaires concernant leur groupe. Cette création amorcera un nouveau rapport Noirs-Blancs.

Entre temps les aborigènes reprennent confiance dans leur civilisation. Ils critiquent de plus en plus la société occidentale, revendiquent énergiquement, et de plus en plus souvent, leurs droits sur leurs terres autrefois spoliées. La plupart des Etats devront rétrocéder d'immenses étendues. Le Territoire du Nord dut céder près de 35% de la superficie totale du Territoire dans lesquels sont inclus les deux parcs nationaux les plus connus qui aussitôt reprirent leur nom aborigène, Uluru (Ayers Rock) et Kakadu National Park. Les propriétaires s'empressèrent ensuite de les louer au gouvernement et obtinrent un petit pourcentage sur les bénéfices du tourisme arrivé jusque-là grâce aux paysages créés par leurs Grands Ancêtres. Cet accord stipulait que certains sites hautement sacrés et tabous pour les profanes, seraient interdits d'accès aux touristes. Retrouvant également la possession d'autres immensités désertiques dans lesquelles les Blancs les avaient parqués pour se débarrasser d'eux, les aborigènes accédèrent au droit de donner ou de ne pas donner l'autorisation d'exploiter les immenses richesses minières que recèlent les sous-sols de ces régions. Quand ils la donnent, ils demandent des royalties qui font la fortune de certaines tribus, particulièrement dans le Territoire du Nord. Les aborigènes se sont en effet révélés d'excellents hommes d'affaires, qualité qu'ils avaient acquise lors de transactions économiques traditionnelles faites au long des pistes ; des pistes qui, avant l'arrivée des Blancs, formaient un vaste réseau économique étendu sur tout le continent comme une toile d'araignée, englobant toutes les tribus dans un même système. C'est sans complexe aucun qu'ils commencèrent à tenir tête aux représentants des plus grosses compagnies minières. Ce qui n'alla pas sans créer de gros problèmes. En Australie Occidentale, quelques éleveurs inquiets commencèrent à murmurer qu'ils étaient prêts, s'il le fallait, à décrocher leur fusil plutôt que d'accepter une expropriation par l'Etat et de redonner les terres que leurs parents et arrière-grands-parents avaient eu tant de mal à rendre productives.

Chaque communauté touchant des royalties gère elle-même ses bénéfices, les répartissant suivant la loi traditionnelle. Certaines en investissent une partie, ayant compris le système capitaliste ; elles créent par exemple, comme dans la région d'Alice Springs, des sociétés de transport routier ou aérien portant des noms aborigènes. Ces sociétés sont parfois gérées avec l'aide du personnel missionnaire dont le rôle semble avoir beaucoup évolué.

Cette entrée dans le monde économique ne signifie nullement que l'aborigène a définitivement opté pour le mode de vie occidental et surtout pas pour sa forme de pensée. Bien au contraire. Il a de plus en plus tendance à le fuir pour respecter les croyances enseignées par les Grands Ancêtres, Etres sacrés associés à l'Energie vitale que le Dieu des Blancs n'a jamais remplacés. Une vie difficile à adapter à l'époque nouvelle tente de se mettre en place ; une vie dans laquelle la religion continue à jouer un rôle essentiel. Ce courant était déjà bien amorcé lorsque survint l'affaire Mabo.

En 1982, Eddie Mabo, un insulaire du fin fond du détroit de Torrès aujourd'hui décédé, met en cause la souveraineté de l'Etat du Queensland sur les neuf kilomètres carrés de l' île Murray, où vivent depuis toujours les Meriam.

Ce qui va entraîner, après de longues péripéties judiciaires, le renversement du principe classique datant du XVIIIe siècle de "terra nullius", c'est-à-dire du statut de terre inhabitée avant l'arrivée des Blancs, utilisé par les Anglais lors de leur prise de possession du continent.

Dix ans plus tard, le 3 juin 1992, la Haute Cour d'Australie va trancher contre le Queensland, reconnaissant une forme de titre de propriété indigène, c'est-à-dire le droit à la terre de certains aborigènes et insulaires du détroit de Torrès, non plus en fonction des lois adoptées par les parlements mais au nom de leur occupation du terrain et de leurs us et coutumes. Une décision historique, une véritable révolution judiciaire, qui va déclencher une panique chez les éleveurs comme dans les exploitations minières car tous savent que cette décision risque de créer un précédent lourd de conséquences. Une incertitude économique s'ensuivit, ralentissant la reprise amorcée ainsi que les investissements japonais. Et, comme prévu, arrive maintenant une cascade de revendications, concernant non plus seulement des territoires inhabités mais au contraire de vastes régions où s'élèvent de nombreuses cités, lorsque ce n'est pas l'emplacement même de capitale d'Etat comme Brisbane, ou celui de la capitale fédérale, Canberra et de ses environs. Un tournant historique, qui, cette fois, établit définitivement une nouvelle relation entre Noirs et Blancs, plonge les Australiens dans un complet saisissement et oblige leurs législateurs à travailler d'arrache-pied pour essayer de mettre en place un texte de loi qui définira quand une revendication territoriale peut être considérée comme valable par la Haute Cour. Une chose est certaine, la remise en cause du statut "Terra nullius" fait que l'Australie ne sera plus jamais ce qu'elle a été.

C'est ainsi que la société aborigène connaît une nouvelle étape dans ses revendications et dans sa phénoménale adaptation au monde moderne nécessaire à sa survie. Saura-t-elle terminer le prodigieux, l'inconcevable bond dans le temps nécessaire à son insertion dans le monde d'aujour'hui, en conservant son identité culturelle, c'est une question encore sans réponse.

VI - AUX SOURCES DE L'ART

Les premières peintures rupestres découvertes au début de la colonisation posèrent tout d'abord une grande énigme aux colons. En effet, malgré les affirmations des aborigènes, personne ne crut un seul instant que "ces sauvages", "ces dégénérés", puissent en être les auteurs. A quelle civilisation devait-on attribuer ces œuvres picturales, reflet d'une pensée capable de s'exprimer par symboles ? Puis, il fallut bien se rendre à l'évidence. Les hommes bruns et leurs ancêtres étaient bien les créateurs des peintures que l'on rencontre dans différentes régions.

DIFFERENTS STYLES DE PEINTURE

L'Australie s'est ensuite révélée l'un des pays les plus riches en peintures pariétales. Les gravures sur roche y abondent également. Les peintures se trouvent principalement dans le nord, suivant un arc de cercle qui se déploie d'est en ouest sur plus de trois mille kilomètres.

Les styles diffèrent d'une région à l'autre ou se superposent. L'art Mimi serait le plus ancien et certains aborigènes l'attribuent aux Héros civilisateurs associés à l'Energie vitale sacrée. L'artiste, en quelque traits de charbon de bois ou d'ocre rouge, campe les silhouettes filiformes d'hommes debout dans différentes activités, et ces quelques traits donnent un dynamisme étonnant à la représentation.

Le style de la peinture "rayons X" atteint sa plénitude au nord-est, en Arnhem Land. Il est ainsi nommé parce que l'artiste représente les animaux avec leurs organes internes, signifiant par cela qu'il s'agit de nourriture, de gibier ; il serait utilisé lors de cérémonies devant favoriser la multiplication de l'espèce animale représentée.

L'art non figuratif se rencontre dans les régions désertiques du centre et de l'ouest. L'artiste s'exprime alors par symboles, utilisant principalement des cercles concentriques, des demi-cercles, des pointillés, des spirales, des méandres, des points, des empreintes d'animaux et d'hommes, des traces de mains. Ces symboles ne donnent pas lieu à une interprétation unique ; leurs références dépendent du contexte dans lequel l'artiste les inclut, ce contexte étant lui même fort complexe. L'œuvre raconte des histoires pour tous, ou "récite" une poésie, dont le sens profond, la fonction religieuse, ne seront compris que des seuls initiés, et plus ou moins parfaitement suivant leur stade de formation. Ces représentations atteignent leur plus grande puissance lorsqu'elles sont tracées sur le sable à l'aide d'ocre rouge, jaune, de plumes, de duvet végétal, sur des surfaces immenses. Certaines de ces réalisations étonnent par leur organisation géométrique dynamique, par le mystère et la violence esthétique qu'elles diffusent.

Au nord de l'Etat de l'Australie Occidentale, un autre style, le style dit Wandjina prévaut. On le rencontre au nord du massif des Kimberley, sur les parois rocheuses proches des rivières situées dans un triangle de terres arides, comprises entre les massifs de Drysdal et du roi Léopold. Un seul témoignage de ce style s'est étrangement propagé jusqu'en Arnhem Land, à l'est.

Ces peintures représentent généralement de grands visages auréolés dans lesquels la bouche est absente ; ils surmontent parfois une ébauche de corps stylisé. Ils seraient l'œuvre des Grands Ancêtres associés à l'Energie vitale sacrée qui firent le ciel et la Terre, créèrent les hommes et tout ce qui vit, dictèrent les lois et distribuèrent les terres tribales. Avant de disparaître du monde palpable, ils se dessinèrent eux-mêmes sur des parois rocheuses pour que leur image rappelle leur enseignement aux vivants ; puis leur corps perceptible disparut, alors que leur corps astral se diluait dans la roche ou dans le plus proche point d'eau. Encore aujourd'hui, certaines tribus utilisent ces lieux sacrés ; à chaque pélerinage, elles rafraîchissent les grands visages par une nouvelle couche de peinture afin de réactualiser les actes du Grand Ancêtre du Temps du Rêve, et de maintenir toujours actif ses pouvoirs bénéfiques. Ce qui rend souvent difficile leur datation.

Pendant longtemps, ces visages surréalistes ont excité l'imagination des Blancs. Certains y voyaient la preuve du passage de cosmonautes venus d'ailleurs. Mais aujourd'hui, on songe plus sérieusement à l'influence de Malais, de Chinois, dont les navires se seraient échoués sur la côte nord-ouest particulièrement dangereuse ou qui y auraient fait un séjour lors de leurs pêches.

Quelle que soit la région, quel que soit le style, pour les aborigènes, l'art pictural remonte à la nuit des temps, aux premiers dessins des Grands Ancêtres, sortes d'idéogrammes qu'ils inventèrent pour rappeler aux hommes la "Connaissance" qu'ils leur avaient transmise ; connaissance du pays, des animaux, des lois mais aussi la connaissance métaphysique. Depuis ces temps immémoriaux, c'est ainsi que s'est légué le savoir ; par des peintures sur la roche, sur le sable, sur le corps, sur les objets sacrés. C'est à l'aide de ce que nous appelons art, que les "hommes-véritables" instruisaient les jeunes dès l'adolescence. Petit à petit, souvent jusqu'à un âge avancé, toujours par l'étude de leur histoire sainte, de dessins gravés sur pierre ou tracés sur le sable, ils transmettaient les connaissances qui feraient d'eux des êtres éclairés.

QUAND L'OCCIDENT DÉCOUVRE L'ART ABORIGÈNE

Quelques temps après l'arrivée des Européens, le génocide des tribus aborigènes dans les régions spoliées par les Blancs, entraîna bien évidemment la disparition de leur art. Un art que les plus récentes datations font remonter à trente-deux mille ans. Les plus anciens témoignages artistiques de l'humanité, bien antérieurs à ceux de Lascaux et d'Altamira ! Ailleurs, dans les étendues encore non prospectées, dans les déserts longtemps inaccessibles, la peinture rupestre ou les mosaïques tracées sur le sable, continuèrent d'être les expressions, sinon d'un art vivant, tout au moins d'un art en sursis. Puis, avec l'avancée des Blancs vers l'intérieur et la création de "réserves" où l'on parquait des hommmes appartenant à des tribus différentes, alors que l'art pictural quarante fois millénaire allait sans doute rendre le dernier souffle, un miracle se produisit. Dans différentes régions du continent, sous l'influence de missionnaires, de Blancs altruistes ou affairistes, la peinture aborigène entra lentement dans notre civilisation.

Au nord, ce furent des propagateurs de la foi protestante qui incitèrent leurs catéchumènes à reproduire sur des écorces, supports traditionnels, certaines de leurs compositions afin de les vendre. Par le biais de la peinture, ils essayaient de redonner goût à la vie à des êtres qui, ayant perdu leur existence de pélerins infatigables qu'ils s'entêtaient à regretter, n'avaient plus aucune occupation motivante et oubliaient leur désespoir dans la bière ; les hommes d'église espéraient également que la commercialisation de cette nouvelle activité viendrait en aide aux uns et aux autres.

Les missions ne mirent en vente que les œuvres dignes d'intérêt. Et l'on s'aperçut que les créations les plus fortes étaient celles d'hommes grandement respectés par les leurs, c'est-à-dire des hommes de grand savoir, des initiés. Cette peinture n'obtint pas un succès commercial rapide malgré la reconnaissance de sa valeur par le monde artistique et sa diffusion lors d'expositions dans les villes australiennes dès 1960. Le support d'écorce d'eucalyptus (tetradonta) gênait acheteurs et vendeurs qui avaient grand mal à emballer de telles œuvres. Mais depuis une dizaine d'années, la peinture sur écorce représente l'une des formes les plus importantes de l'art contemporain aborigène, ceci aussi bien pour les Noirs que pour les Blancs.

Dans le centre du pays, domaine de l'art abstrait, les hommes bruns du désert se virent offrir l'opportunité de s'exprimer sur d'autres matériaux que le sable ou leur corps lors des cérémonies. En 1971, à Papunya, réserve aborigène, un professeur de dessin, Geoffroy Bardon, peintre lui-même, avait su voir dans les signes tracés couramment sur le sable bien autre chose que de simples lignes concentriques sans intérêt. Sous son impulsion, les aborigènes décorèrent d'abord les murs de leur école de dessins traditionnels ; puis, encouragés, heureux de montrer leur habileté, ils commencèrent à peindre sur tous les matériaux qui se présentaient. Grâce à cet Australien qui montra un altruisme rare dans son entreprise, l'art abstrait aborigène allait être lancé et prendre sa place dans le monde international de l'art. Geoffroy Bardon, qui respectait les hommes noirs, sut trouver les mots pour les motiver au maximum. Avec cette activité, il leur donna la miraculeuse possibilité de pouvoir s'exprimer pour enfin se faire entendre ; la possibilité de prouver aux "envahisseurs" que la créativité artistique du peuple noir valait bien celle des

Blancs ; la satisfaction de leur crier leur rébellion d'une manière noble. En un mot, de convertir, d'adapter pourrait-on dire, une forme d'art où ils excellaient pour en faire une arme de résistance ! Ils commencèrent alors à retrouver un peu de leur dignité. Et les jeunes, que les missionnaires et le mépris des Blancs pour tout ce qui appartenait à la culture noire avaient éloignés des traditions, regardèrent les leurs avec un nouvel intérêt, retrouvèrent un début de raison d'espérer ! In extremis, les aborigènes venaient d'imaginer le moyen de mettre fin à la mort annoncée de leur civilisation. Car, dans le monde artistique, puis commercial, la révélation de cette nouvelle peinture abstraite eut de grands retentissements.

LES ABORIGÈNES, LEADERS DE LA PEINTURE ABSTRAITE

Avec la peinture acrylique, le succès de ce style s'amplifia d'une telle façon que l'on parla du "phénomène" acrylique. Cette nouvelle matière mit sur le marché de nombreux autres artistes talentueux au moment où l'Occident s'emballait pour leurs œuvres faites désormais sur des surfaces de plus en plus grandes. En effet, étant moins onéreuse, cette peinture fut distribuée plus facilement par les responsables des galeries d'art, par les services concernés du gouvernement, ou, tout simplement, plus aisément achetée par les aborigènes eux-mêmes. De plus, les supports de toile furent définitivement reconnus par tous comme un facteur important de vente et, de ce fait, adoptés.

Ces toiles représentent toujours des dessins abstraits. Par l'agencement de symboles, elles racontent l'une des actions du "Rêve", c'est-à-dire de l'Ancêtre de l'artiste, sur un site bien précis. Sur fond uni, celui-ci commence à tracer des cercles concentriques, des lignes sinueuses, tous les symboles relatant l'itinéraire au cours duquel son "Rêve" accomplit l'une de ses actions. Petit à petit, il remplit les espaces vides de points qui créent l'illusion des trois dimensions alors que la répétition de certains symboles crée des effets optiques qui rappellent l'Op art, cet art cinétique qui fait venir à l'esprit les grands noms de Soto, Shöffer, Vasarely par exemple ; la construction de certaines toiles peut même faire penser au mouvement des électrons autour du noyau d'un atome ! Toutes envoûtent par le mystère qu'elles diffusent.

Pour comprendre la maîtrise des artistes aborigènes, il est intéressant d'aller observer l'un d'entre eux travailler sur une grande toile de peinture acrylique dans une galerie d'Alice Springs. Il n'a besoin d'aucun tracé préalable avant de se lancer dans sa composition, d'aucun essai de couleur ; les tracés géométriques s'organisent sans que l'artiste ait l'air d'y réfléchir, comme s'il recopiait une image virtuelle avec des gestes dirigés par un mécanisme invisible. Une phénoménale inspiration qui n'a droit à aucune erreur !

Aujourd'hui, en Australie, les toiles aborigènes ont quitté les musées des sciences humaines pour entrer dans les musées d'art. Le conservateur du Musée fédéral des Beaux-Arts fit accrocher face à face un tableau de Tiepolo et une toile du désert occidental signée par un initié, Maxie Tjampitjinpa. Deux grands penseurs de races et d'époques différentes, dont les créations détenaient le même pouvoir transcendant ! De grands mystiques et de "grands érudits", dira Claude Lévi-Strauss étonné par la richesse des mythes aborigènes d'où les artistes tirent en partie leur inspiration et que E.P. Elkin rapproche de ceux de la Grèce antique. Cette richesse artistique n'est connue que d'une minorité d'Australiens blancs. La grande masse en est encore à les juger sur leurs techniques rudimentaires, à leurs yeux inconciliables avec l'élévation de l'esprit. Il en sera probablement ainsi tant que les manuels scolaires passeront sous silence l'histoire de la civilisation des premiers habitants de l'Australie et la lutte courageuse qu'ils menèrent contre l'envahisseur .

Désormais, le succès a fait entrer l'art aborigène dans l'arène commerciale internationale. A New York, le prix des toiles acryliques atteint des sommes importantes. A Paris, les expositions, impensables il y a quelques années, se succèdent et l'art aborigène commence à être coté sur le marché mondial. Une étape nécessaire pour sa consécration ! Mais, n'est-ce pas sans danger ?

LE RÔLE SOCIAL DE L'ART

En effet, dans le domaine traditionnel, la finalité de cet art n'était en rien comparable à celle de l'art occidental. Pour les hommes noirs, l'art avec ses différentes formes d'expression était au service de la société, de la religion, toutes deux indissociables. C'était avant tout un moyen technique qui permettait d'actualiser le passé fabuleux du Temps du Rêve, d'entrer un instant dans le monde parallèle des Héros sacrés ; c'était un "outil" permettant de vivifier les forces physiques et morales des vivants, de maintenir l'abondance des espèces. Lors de cérémonies religieuses, la peinture, la danse, le chant, le rythme, s'imbriquaient, s'articulaient de manière à constituer un ensemble d'ondes qui libéraient les pouvoirs cachés de leurs cerveaux ; c'est cet ensemble, soutenu par la ferveur de tous les artistes confondus, de tous les membres présents, ferveur elle aussi émettrice d'ondes bénéfiques, qui permettait aux hommes d'acquérir un pouvoir paranormal l'espace d'un instant. La célébration terminée, les œuvres ne représentaient plus aucun intérêt car seuls les actes des artistes, l'acte de peindre entre autres, étaient efficaces et les dessins totémiques tracés sur le sable, peints sur le corps étaient effacés.

Cet acte était réservé aux initiés, aux "hommes-véritables", qui, nous l'avons vu, avaient réussi, par l'étude de leur histoire religieuse, par les épreuves physiques et morales, par la méditation et l'isolement, à retrouver la mémoire du Grand Ancêtre qu'ils avaient été à l'orée des Temps[1]. Comme les grands penseurs ou initiés que vénère et célèbre l'Occident, ils avaient

(1) Mircea Eliade compare cette recherche de la mémoire à l'anamnèse de Platon pour qui "savoir, c'est se souvenir".

dégagé leur corps de "l'entrave de la matière", de la "gangue animale", disent les aborigènes, cette gangue qui emprisonne tout homme avant que la "'Connaissance" tranformatrice ne l'ait dissoute. Suivant leur degré d'instruction, le retour partiel ou intégral de leur "mémoire" leur apportait la révélation plus ou moins complète des origines de l'univers, du sens de la vie, du rôle du monde de l'au-delà, de ce monde parallèle impalpable mais pour eux bien réel.

Ce sont ces révélations qu'ils transcrivaient sur la roche du site sacré, sur une écorce intervenant dans une cérémonie, sur leur corps, sur leurs objets liturgiques, sur le sable qu'ils recouvraient sur de grandes surfaces, de symboles tracés à l'aide de plumes, de duvet végétal, d'ocre pilé ; gigantesques mosaïques chargées de forces puissantes, dangereuses pour les non-initiés. Lors de la formation que chaque homme et chaque femme de la tribu recevait, tous n'acquéraient pas le même degré de "Connaissance". Mais tous s'extrayaient en partie de leur animalité première. Et tous savaient transcrire des actes plus ou moins nombreux, secrets et sacrés de leur "Rêve", ce Grand Ancêtre auquel ils s'identifiaient, cet Etre qu'ils redevenaient le court instant d'une cérémonie au cours de laquelle le passé revivait. Aussi, arrivés à un certain stade de formation, tous intervenaient un jour ou l'autre dans l'une des célébrations religieuses pour créer par leurs gestes, non pas une œuvre palpable et admirable, mais un courant d'ondes qui réactivait le passé, contribuait à libérer soit les esprits d'animaux enfermés dans la roche qui pouvaient alors se réincarner et maintenir la région giboyeuse, soit l'Energie ou les qualités de l'Ancêtre dont les hommes avaient besoin, tout ce qui devait garantir l'avenir. Un avenir qu'ils avaient pour mission de maintenir semblable au passé et au présent. Leur action tendait uniquement à "travailler" ensemble pour la communauté toute entière. Et la peinture, le dessin pratiqués par tous, faisaient simplement partie de la vie quotidienne. Les aborigènes formaient un peuple d'artistes, dira le professeur Elkin, grand anthropologue australien.

LES SECRETS DÉVOILÉS

Les premières œuvres montrées aux Blancs, "ces hommes qui, à leurs yeux, ne connaissent qu'une religion, celle du travail", soulevèrent de graves problèmes. Les premiers "artistes" furent accusés par les leurs de dévoiler les secrets de leurs croyances aux profanes, secrets qui unissaient l'homme à son pays comme le cordon ombilical unit le fœtus à sa mère. Ils les accusèrent de mettre en danger leur appartenance à leur pays, leur identité même. Les artistes, qui, dans l'enthousiasme de retrouver un peu de leur dignité d'autrefois, avaient été inconsciemment un peu imprudents, se reprirent et acceptèrent de créer des œuvres ne révélant rien d'important de leur "Connaissance", rien de leur monde secret. Ils apprirent à gérer picturalement leur savoir sacré pour le commercialiser.

Lorsque les femmes se mirent elles aussi à la peinture acrylique et devinrent les plus actives, d'autres problèmes surgirent, les hommes prétendant que leurs toiles se référaient à un Rêve, à un espace tribal qui ne leur appartenait pas en propre mais qu'elles partageaient avec certains d'entre eux. Les femmes, qui, malgré l'enseignement chrétien, ont gardé leur belle autorité au sein des leurs, n'en tinrent pas compte. Il leur arriva même, et il leur arrive encore, de vendre leurs toiles derrière le dos des hommes. Cependant, d'une manière générale, devant les avantages économiques substantiels que leur apporte la commercialisation de leur art, les uns et les autres deviennent plus tolérants. Car c'est grâce à cette source de revenus miraculeuse que des aborigènes peuvent essayer de reprendre un mode de vie qui se rapproche de leur mode de vie ancestral ; s'acheter la radio qui les tiendra au courant des cérémonies religieuses des leurs, la voiture qui leur permettra de reprendre leurs pélerinages d'un lieu sacré à un autre ; pélerinages qu'ils seraient bien incapables de faire autrement, leurs besoins étant devenus différents, leur entraînement à la marche n'étant bien sûr plus le même, mais aussi et surtout, leur pays s'étant bien appauvri en gibier. Si ce facteur économique est important, il n'est cependant pas la seule motivation de leur rage de peindre. L'artiste aborigène évolue, se prend au jeux, invente, utilise avec la curiosité propre à tous les créateurs les nouveaux matériaux trouvés dans le monde des Blancs ; il refuse de se limiter aux couleurs traditionnelles. Il acquiert lentement l'optique de ceux que nous appelons artistes, en ce sens qu'il commence à prendre en compte la finalité esthétique. L'importance exclusive du geste, seul créateur d'un pouvoir au service de tous, risque un jour d'être totalement oubliée.

Que pensent, dans leurs déserts, les artistes talentueux de l'immense succès que rencontrent leurs œuvres ? Un succès qui, aux yeux des Blancs, ne leur a toujours pas redonné la dignité qui fut la leur pendant si longtemps, lorsqu'ils étaient Gardiens de la Création et seuls habitants du continent. Et nous autres Occidentaux, que devons-nous penser de la tentative désespérée d'une race qui, pour se faire respecter, pour essayer de survivre, se décide enfin à prendre le terrible risque de révéler une infime partie du monde sacré et secret dans lequel elle puise son identité. Un acte de la dernière chance ! Les Australiens blancs, malgré leur bonne volonté, pourront-ils réparer les exactions perpétrées par des hommes de leur race mais d'une autre époque, une époque sûre de sa "vérité", de sa supériorité, concepts aujourd'hui tellement dérisoires ! En les aidant dans la diffusion de leur art pour qu'ils retrouvent un peu de leur dignité d'autrefois, sont-ils dans la bonne voie ?

En effet, alors que les aborigènes reprennent confiance dans leur culture, paradoxalement ils font leurs tout premiers pas dans le monde moderne qu'ils continuent à vouloir rejeter. Or, c'est en tant qu'individu que l'artiste entre sur la scène du vedettariat et du marché de l'art, deux notions indissociables. Il signe ses œuvres de son nom, même lorsque certains parents l'ont aidé à la créer ; il acquiert une notoriété plus ou moins grande, il en tire personnellement une grande fierté, de l'argent qui, pour l'instant, va à son groupe. Pour la première fois, l'individu émerge du groupe ; l'individualisme pointe le nez, aussi tentant que l'esprit malin. Car cette doctrine est l'ennemie de leur société conservatrice qui fonctionne en tant que collectivité et cultive avec grand art le personnalisme (1). L'individualisme représente le facteur essentiel pour leur intégration à notre civilisation ; ce qui veut dire la disparition de la leur ! Les missionnaires l'avaient bien compris, en Australie comme ailleurs, qui essayèrent de faire naître cette doctrine en séparant très souvent les enfants de leur famille. Alors, on peut se poser la question : l'art sacré descendu dans la mêlée commerciale, et qui pour le moment soulève une grande vague d'espoir, sera-t-il le sauveur ou donnera-t-il le coup de grâce aux Grands Initiés du mystérieux continent austral ?

(1) Le personnalisme défini par Emmanuel Mounier : "L'homme existant pour autrui dans un rapport de respect et d'échange ; Dieu étant en lui." Ce qui correspond aux croyances aborigènes.

VII - AYERS ROCK

LE PARC NATIONAL D'ULURU

Le parc national d'Uluru, (Ayers Rock/Monts Olga) est l'un des douze parcs australiens identifiés par l'UNESCO comme étant une "Réserve de la Biosphère". Il se trouve dans le désert du centre, le "cœur mort" ou le "cœur rouge" de l'Australie. C'est là que le voyageur connaîtra facilement l'envoûtement des immensités plates, arides, de ce pays. Cette région, légèrement surélevée, qui s'étend du nord au sud et de l'est à l'ouest sur six cent quarante kilomètres, est formée par une mer de sable et d'herbes du désert sur laquelle s'accrochent quelques arbres et buissons, plus ou moins nombreux suivant la pluviosité des dernières années. Elle se trouve dans la zone balayée par l'air sec en provenance des tropiques. En réalité, elle est mal nommée car les points d'eau, bien qu'intermittents, sont plus nombreux qu'ailleurs. Il suffit que quelques nuages éclatent pour que le paysage verdisse immédiatement. Mais, après un été torride et sans pluie, la végétation se déssèche, meurt, tombe sur le sol, s'effrite et disparaît. Le cœur du continent reprend alors sa couleur minérale rouge ; la vie végétale subsiste sous le sable par ses racines et de nombreux animaux vont eux aussi chercher leur survie dans le sol, parfois pendant des années. Le centre, un moment joyeux, se pare à nouveau du grave manteau de la léthargie.

C'est alors qu'il est le plus fascinant, le plus insolite. Il suffit que le vent apporte les senteurs marines d'un lac salin asséché pour qu'aussitôt le voyageur se demande où il peut bien se trouver. Puis il comprend : les falaises déchiquetées des "Tuyaux d'Orgue", à pic sur une étendue de sable blanc, l'étrange formation rocheuse de l'"Amphithéâtre", la faille verticale entre deux roches lisses, roses ou mauves suivant les heures, de Standley Chasm, tout ces paysages étranges sont l'œuvre de la mer. Du sommet du mont Connor ou d'Ayers, la plaine couleur d'ocre apparaît avec évidence comme un lit marin asséché. C'est en vain que, seul au milieu de la platitude infinie de la plaine, on essaie d'imaginer un tel bouleversement géo-climatique ; l'impossible évocation des forces titanesques alors enfantées par notre globe fait seulement naître une étrange émotion ! Et, tout à coup, il semble que la robuste chaleur exhalée par le minéral mette le corps en contact avec les ondes fossiles et vivantes de la roche ; que ces ondes, porteuses de la mémoire de la planète, nous racontent la fabuleuse histoire du cœur mort de l'Australie. Une histoire dans laquelle l'homme occupe une bien petite place, un bien court instant !

COUCHER DE SOLEIL SUR ULURU

Il faut arriver à Uluru (Ayers Rock) avant la fin du jour, lorsque l'oxyde de fer dont chaque grain de terre est enrobé, rutile sous la lumière rougeoyante du soleil couchant. A cette heure, l'immensité plate des alentours, l'infini du ciel qui semble fausser les lois de la perspective, les couleurs euphorisantes du paysage, tout ce nouveau monde libère l'esprit des petits tracas dont habituellement il s'encombre ; il fait naître une joie immense ! Des senteurs nouvelles, apaisantes, la présence palpable d'un air anormalement pur, la chaude caresse de la chaleur sèche, immergent dans une sérénité inconnue. Et l'on comprend mieux l'expression aborigène, "on est dans notre pays comme l'enfant dans le ventre de sa mère" ! Quelques acacias rabougris piquent le sol ici et là ; un peu plus loin, le tronc blanc d'un eucalyptus solitaire jette une note de gaieté. Jailli comme par enchantement sur l'immensité plate, un grand kangourou rouge se propulse un instant devant vous, énorme jouet mécanique dont le pelage roux s'harmonise parfaitement avec l'environnement. Puis, telle une hallucination, voici quelques ânes sauvages ; ils remuent bêtement la queue avant de s'évanouir aussi mystérieusement qu'ils sont apparus.

Soudainement, la gigantesque masse d'Uluru, monolithe de grès feldspathique, ferme l'horizon. Derrière ses parois brillantes, abruptes, le soleil descend, transformant graduellement sa couleur. En quelques secondes, il devient un énorme brasier, couronné de longs nuages vaporeux dans lesquels se jouent les rayons cuivrés du couchant. Les touristes se taisent, aussi émus que des pèlerins devant un édifice hautement sacré. Comme lors d'un spectacle de diapositives, la gigantesque roche nue passe du vermillon au pourpre, du pourpre au mauve, du mauve au violet, au bleu et, sans transition plus grande, au noir le plus profond ; un noir inquiétant qui se détache sur les dernières lueurs orangées du jour. Au même instant, un froid glacial tombe sur l'assistance. Avec hâte, les touristes tournent le dos à Uluru. Le grand spectacle de la nature, responsable de la notion du sacré des premiers hommes, est terminé. Whisky et bière, au Sheraton de Yulara, minuscule tache de civilisation implantée récemment non loin du rocher, feront oublier à beaucoup cette perception fugitive du spirituel dont notre civilisation moderne croit pouvoir se passer.

Vu de loin, Uluru, baptisé Ayers Rock par les colons, semble posé sur le sable. En réalité, il est le sommet arrondi d'un colossal bloc rocheux qui s'enfonce jusqu'à six cents mètres dans le sol. Sa masse extérieure, plus modeste avec trois cent quarante-huit mètres de hauteur et huit kilomètres huit cents de circonférence, suffit à déclencher de terribles tempêtes responsables de l'étendue désertique qui l'entoure. Bien qu'il soit composé de couches superposées de grès riche en feldspath, de conglomérats contenant du gravier et des cailloux datant du précambrien, son aspect est celui d'une roche lisse, homogène, qui semble défier le temps et les éléments.

Mais il n'en est rien. Comme les autres formations rocheuses du centre, il est l'œuvre du vent et de l'eau, de l'alternance de la chaleur et du froid qui, pendant des millénaires, ont dispersé en poussière d'énormes blocs de son corps. Aujourd'hui, les mêmes éléments continuent à le transformer jusque dans ses couches les plus profondes. A sa surface, le vent, chargé de sable, continue à jouer son rôle d'abrasif ; il arrondit encore et toujours son pourtour et toutes ses aspérités. L'eau s'infiltre sous les couches superficielles de la roche qui se dilate sous la chaleur des quarante, parfois soixante degrés diurnes, puis éclate lors des gelées nocturnes. Au fur et à mesure de la disparition des strates de surface, la compression de la roche diminue, sa densité décroît ; le monolithe devient de plus en plus vulnérable aux ruissellements torrentiels qui approfondissent sans cesse les sillons les plus tendres de ses flancs, comme l'âge approfondit les rides des humains. Uluru, gigantesque bloc minéral, subit le même processus que toutes les autres formes de vie.

Et il donne la vie. Sur son grand corps, sur ses parois, dans ses cavernes, dans la moindre de ses anfractuosités, dans ses plans d'eau éphémères et dans ses sources moins irrégulières, une multitude de végétaux et d'animaux vivent de son eau, de sa chaleur, de sa fraîcheur. Ici, l'interdépendance du minéral, du végétal et de l'animal apparaît avec évidence.

La zone d'humidité résulte des tempêtes et des orages que crée le monolithe. Les pluies torrentielles font déborder les bassins du sommet ; l'eau s'engouffre dans ses flancs, ruisselle sur sa surface avec les bruits de mille torrents dont la soudaine violence agresse la quiétude habituelle de la plaine. Elle se déverse ensuite dans les cuvettes qui se trouvent à sa base. C'est pourquoi, en toute saison, le monolithe permet la vie de quelques acacias, de quelques buissons de mulga, et de petits fruitiers sauvages. Après des pluies exceptionnellement longues, de vrais arbres apparaissent.

Cette végétation offre de nombreuses niches écologiques utilisées par toute une petite faune nocturne : la souris marsupiale, le bandicoot-lapin aux longues oreilles qui survit uniquement dans les régions désertiques, le wallaby-lièvre, le kangourou-rat, et bien d'autres. Ces petits animaux (vingt-deux espèces dans la région) attirent leurs prédateurs, les serpents, qui, avec de nombreux lézards apprécient la chaleur de la roche. Des milliers d'insectes courent sur les mares habitées par les scorpions d'eau et les grenouilles. Dans certaines cavités plus profondes et plus longues à s'assécher, de petits poissons apparaissent parfois, nés des œufs qui s'étaient collés dans le plumage d'oiseaux lors d'une étape sur une rivière ou sur un lac. Dans les anfractuosités du grand corps du monolithe, les cent cinquante espèces d'oiseaux de la région ainsi que les chauves-souris, viennent nidifier par milliers.

UN SITE SACRÉ DES ABORIGÈNES

Autrefois, l'homme brun appartenait à ce biotope. Uluru est en effet l'un des hauts lieux sacrés des Anangus[1]. De nombreuses œuvres pariétales témoignent de cette époque. Certaines sont récentes car la culture aborigène connaît un renouveau. Comme autrefois, le Serpent-arc-en-ciel, Etre primordial à structure cosmique, dort dans l'un des bassins du sommet, prêt à conférer un pouvoir magique au futur Grand Sage, ou chaman qui aura su passer avec succès toutes les épreuves d'une longue et difficile formation. Chaque paroi, chaque anfractuosité, chaque excavation ainsi que les pierres rondes ou oblongues des éboulis à ses pieds représentent soit une action de leurs Grands Ancêtres sacrés du Temps du Rêve, soit leurs grands corps pétrifiés, encore empreints de leur Energie vitale sacrée, et dont l'ensemble forma le monolithe lorsqu'ils quittèrent subitement le monde perceptible des vivants.

Alors, il y eut les sites réservés uniquement aux femmes ou aux hommes. Des sites empreints d'une telle "force" qu'ils sont parfois interdits au sexe opposé. Depuis des millénaires, sur les parois des grottes situées tout autour de la base du rocher géant, les hommes et les femmes véritables[2] tracent les symboles enseignés par les Grands Ancêtres. Par la magie de l'acte de peindre, et non par l'œuvre créée, ils actualisent l'évènement perpétré en ce lieu par la Créature sacrée du temps tjukurrapa ; un temps qui prit fin subitement, faisant alors de l'homme la forme de vie la plus intelligente. Pour les homme bruns, la roche chante les exploits glorieux ou malheureux de ces Etres géants, elle diffuse leur Energie vitale dont ils s'imprègnent au cours de cérémonies destinées à maintenir intacte la Création dont ils ont hérité.

Dans le lointain, dans le bleu azur du ciel, se détache la fabuleuse silhouette des monts Olga. Une autre merveille géologique de l'Australie, encore plus impressionnante qu'Uluru. Situés seulement à trente-deux kilomètres à l'ouest du célèbre monolithe, les monts Olga, les Katatjuta, forment un ensemble de trente-deux dômes dominant de leurs cinq cent quarante-six mètres une plaine infinie de sable rouge. On ne peut rester insensible devant la somptuosité de leurs couleurs, de leurs formes. C'est un autre lieu magique qui laisse pressentir les mystères de la Création.

Mais Uluru et Katatjuta, les rochers sacrés des premiers habitants de l'Australie, risquent de perdre le pouvoir de transcendance qu'ils avaient sur l'esprit de tous les hommes bruns et qu'ils avaient eu sur nous lorsque nous les avons découverts pour la première fois en 1955, après une longue route, dans un désert sans piste.

(1) Qui forment deux groupes de langues différentes, le Pitjantjatjara et le Yankutjatjara, langues des aborigènes de l'Ouest.
(2) C'est-à-dire les hommes et les femmes qui ont terminé leur formation d'adulte.

Aujourd'hui, quatre cent cinquante kilomètres de bitume noir relient facilement ces lieux à Alice Springs ; aujourd'hui, à dix-huit kilomètres du célèbre rocher s'est construit Yulara [1], un village pour touristes, avec ses hôtels, son terrain de camping et ses magasins ; aujourd'hui, d'innombrables avions et des cars y déversent chaque année trois cent cinquante mille visiteurs.

Alors que nous fûmes parmi les premiers voyageurs à monter au sommet d'Uluru, aujourd'hui une rampe en cordage permet à de nombreuses personnes d'accomplir l'exploit de leur voyage. Malgré les mises en garde placardées à la base du rocher, il arrive que des grimpeurs fassent une chute mortelle ou succombent à une crise cardiaque. Il n'y a pas plus intrépide et inconscient qu'un touriste !

Toutes ces turbulences ont certes enlevé une partie de la magie de ces lieux, mais elles n'ont rien enlevé de leur beauté.

Les Anangus, redevenus propriétaires en titre d'Ayers Rock et des Olga, ont su s'adapter à cette nouvelle situation. Ils acceptent la profanation d'une partie de leurs sites sacrés en contrepartie de confortables royalties. Les dollars des touristes remplacent ainsi la chasse et la cueillette. La conscience en paix, ils acceptent cette étrange mutation puisque, ainsi, c'est toujours leur terre-mère qui subvient à leurs besoins.

UNE VILLE NOMMEE ALICE

La petite ville d'Alice Springs est une base incontournable pour de nombreuses autres excursions dans le centre rouge du continent.

Elle prit naissance en 1871, avec quelques baraquements pompeusement appelés Stuart town lors de la construction de la ligne télégraphique reliant pour la première fois l'Australie en direct avec l'Europe via Darwin. Ce tracé et la présence d'un poste de la civilisation en plein centre désertique facilita l'arrivée dans la région d'explorateurs, de prospecteurs, de chercheurs d'or, et de missionnaires. Cependant, la ville ne commença à se développer lentement qu'après la construction de la ligne ferroviaire la reliant à Adélaïde. En 1933, elle fut rebaptisée Alice Springs.

Puis vint la deuxième guerre mondiale. La petite bourgade d'à peine cinq cents habitants devint une importante base militaire et, après le bombardement de Darwin, remplaça momentanément cette dernière en tant que capitale administrative du Territoire du Nord. Après la guerre, elle retrouva le calme et la solitude. Alice redevint une charmante petite bourgade de pionniers, fière de ses maisons basses typiques de l'Australie coloniale, de ses pubs folkloriques où la bière

(1) L'eau du centre touristique provient de nappes souterraines ; elle est désalinisée par le plus grand centre de traitement du pays. Deux mille panneaux solaires chauffent soixante-dix pour cent de l'eau utilisée.

coulait à flot, essayant d'ignorer les aborigènes Aranda sur le territoire desquels elle s'était implantée et qui déambulaient dans ses rues, tristes et misérables.

Pendant de nombreuses années, elle ne fut reliée au sud que par une piste aussi longue que difficile.

Aujourd'hui, Alice, ou l'Alice, comme l'appellent les Australiens, est une ville de près de vingt-cinq mille habitants, la "capitale" du tourisme du Territoire du Nord, qui, ces dernières années, n'a cessé de se développer. Aujourd'hui, les pistes poudreuses ont été remplacées, sur les grands axes, par de bonnes routes de goudron noir qui défigurent souvent le paysage.

Comme toutes les villes grandies trop vite, Alice a perdu beaucoup de son charme d'autrefois car les Australiens, pourtant très attachés au moindre vestige du passé, n'ont pas hésité à détruire les anciennes boutiques style Far West et la plupart des vieilles maisons entourées de vérandas, seul moyen alors de s'isoler de la chaleur, pour les remplacer par de nombreux magasins modernes et des hôtels à air conditionné de classe internationale. Elle n'est certes plus la petite ville pionnière de l'"outback"(1) qui inspira cinéma et littérature et dont le souvenir est gardé par une immense peinture sur un mur de la ville. Cependant, le voyageur qui n'a pas connu cette époque sera séduit par la nouvelle Alice fardée d'un petit air estival.

Non loin de la ville, sur un socle en pierre, une sphère rappelle que l'on se trouve sous le tropique du Capricorne, au centre même du continent australien. Ce qui annonce un climat chaud et sec, des journées merveilleusement ensoleillées, des nuits froides, somptueusement étoilées. Alice apparaît toute blanche, tachée de bouquets de verdure vive, lovée dans l'écrin d'ocre soyeux que forment tout autour d'elle les flancs rocheux abrupts des monts dénudés du massif Macdonnell. Son avenue piétonne — où se succèdent des agences de voyage, des galeries d'art aborigènes, des magasins où l'on peut acheter des opales aussi bien que le chapeau des cow-boys "aussi"(2), ou un banal kangourou en peluche — ses pubs où les rires fusent à longueur de journée, ses nombreux petits restaurants où l'on déguste le fameux barramondi arrivé le matin de Darwin ou le steak de kangourou, ses concerts gratuits en plein air, le "Lasseter's Casino", tout cet environnement procure bien des satisfactions lors d'un repos entre deux excursions. Là, dans sa joyeuse lumière, son ambiance bon enfant, naît une sorte de béatitude rendue encore plus savoureuse à la pensée de la distance qui sépare de la civilisation: mille quatre cent quatre-vingt-deux kilomètres de Darwin, au nord, mille sept cent six kilomètres d'Adélaïde au sud et rien à l'est et à l'ouest. Alice, c'est un peu le paquebot luxueux du désert rouge du centre. Dans les rues, les plaques minéralogiques sur lesquelles on peut lire "Outback", rappellent cet éloignement. Et la vue des aborigènes qui passent, peu nombreux, vêtus

(1) Désigne les espaces les plus éloignés des côtes civilisées.

(2) Terme désignant les Blancs, australiens depuis plusieurs générations.

de jeans et de T-shirt, tellement différents de nous par leur physique et cet air d'absence du monde réel qui est le leur, évoque une civilisation d'un autre temps. Les hommes bruns se rencontrent en plus grand nombre dans le lit asséché de la rivière Todd où, pendant de longues heures, assis sur leurs talons, isolés ou en petits groupes, ils méditent ou discutent de leur monde perdu.

La création puis l'extension d'Alice Springs fut possible grâce aux riches nappes d'eau souterraine qui l'entourent. Ce qui permet à la ville de posséder le record australien de consommation d'eau par habitant ! D'autres nappes souterraines plus éloignées lui permettront de laisser régénérer celles actuellement exploitées et d'envisager sans crainte sa croissance. L'énergie solaire pourvoit en partie aux besoins en électricité.

Mais Alice ne vit pas que du tourisme. A des distances qui, pour un Européen, semblent énormes, s'étendent des stations d'élevage de trois cent à huit cent mille hectares où le bétail est rassemblé par hélicoptère, où le premier voisin se trouve à cinquante ou cent kilomètres. Dans ces ranchs, les éleveurs possèdent souvent leur avion personnel ; leurs enfants suivent des cours par radio et le médecin, "the flying doctor" donne ses consultations sur les ondes ; en cas d'urgence, il se déplace aussitôt par la voie des airs. Bref, un autre monde, insoupçonné des touristes.

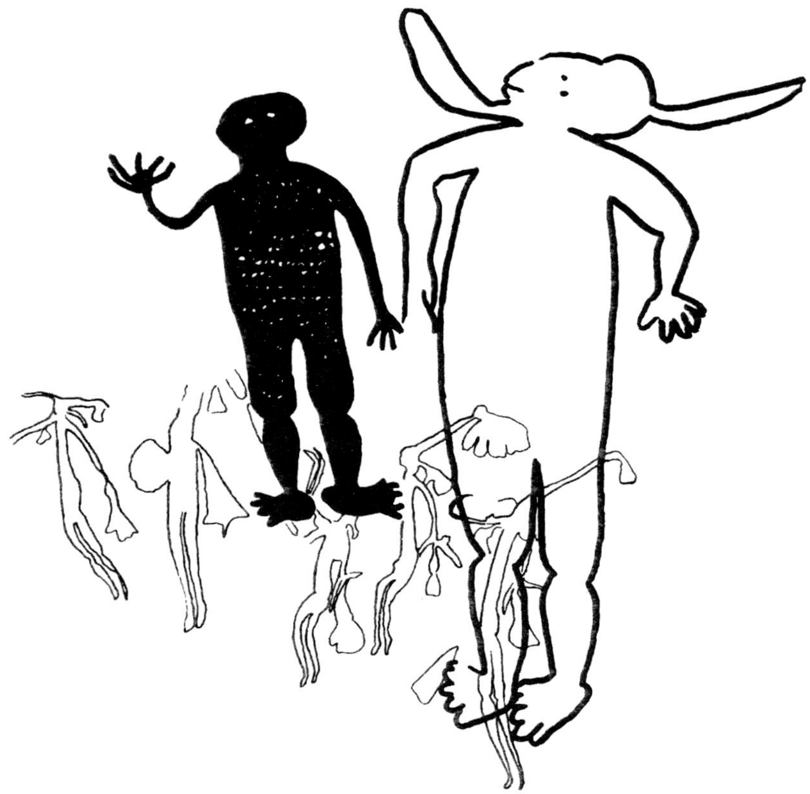

VIII - LE PARC NATIONAL DE KAKADU

A l'extrémité nord du continent, sur la mer d'Arafura, à des milliers de kilomètres des grandes villes australiennes, voici Darwin, capitale du Territoire du Nord, la ville la plus proche de l'Asie.

Sa position stratégique en fit une cible pour les avions japonais pendant la dernière guerre mondiale ; leurs bombardements fit plus de mille victimes. Plus récemment, la nuit de Noël 1974, le cyclone Tracy détruisit entièrement la ville. Les maisons furent soufflées comme des fétus de paille par des rafales de vent soufflant jusqu'à 280 km/heure. Darwin fut entièrement reconstruite. Les anciennes maisons coloniales ont fait place à des maisons en dur et à quelques buildings.

Selon les saisons, Darwin est une ville tropicale écrasée par le soleil ou noyée par des pluies torrentielles. Une ville cosmopolite de soixante-dix-sept mille habitants qui sont en majorité des fonctionnaires et représentent quarante ethnies.

Tous les jeudis, les Darwiniens se retrouvent au marché de Mondil Beach, une sortie appréciée de tous. On y fait quelques emplettes, on peut même s'y faire tirer les cartes ou se faire masser ; mais on y vient surtout déguster entre amis la cuisine exotique. A Darwin, d'innombrables fêtes jalonnent le calendrier et le travail n'est peut-être pas la plus grande vertu des habitants ; mais c'est la ville australienne qui consomme le plus de bière !

Darwin est une ville de transit pour les voyageurs partant ou revenant d'Asie et pour les touristes allant à la découverte des déserts du centre ou du grand Nord australien appelé le "Top End". C'est de Darwin que partent les milliers de touristes qui vont visiter le parc de Kakadu .

UN PATRIMOINE DE L'HUMANITE

Après le désert rouge du centre, voici son contraire. Ici, à deux cent vingt kilomètres à l'est de Darwin, dans le Parc National de Kakadu, aux alentours d'un "billabong"(1) c'est une exubérance de verts, de fleurs, de vies animales ; une exubérance de couleurs et de mouvements dans le ciel, sur la terre, et surtout dans l'eau qui recueille l'image inversée de tout ce qui l'entoure, de tout ce qui bouge autour d'elle et sur elle. Dans la chaleur des tropiques, on a l'impression d'assister à un feu d'artifice de toutes les formes de vie du début de leur création, avant qu'elles n'aient appris la crainte de l'homme ou n'aient été tuées par lui. Kakadu, (du nom aborigène

(1) Point d'eau plus ou moins grand.

Gagadju désignant un des langages aborigènes de la région) est le paradis des ornithologues, des pêcheurs du fameux barramundi, des amoureux des sauriens, des amateurs d'art rupestre, ou, tout simplement des amoureux de la nature vierge.

L'intérêt exceptionnel du parc lui vaut d'être inscrit sur la liste des "Patrimoines mondiaux" par l'UNESCO à double titre, pour sa richesse naturelle et pour sa richesse culturelle ; il est également mentionné sur le registre des "Marécages d'Importance Internationale" des Nations unies. Il doit cette accumulation de distinctions à sa situation dans le bassin de drainage de la rivière Alligator où il s'étend sur deux cents kilomètres du nord au sud et cent kilomètres de l'est à l'ouest, soit sur 19 757 km^2 ; un bassin représentant un système fluvial tropical jusqu'à son estuaire et qui, à lui seul, offre tous les biotopes du "Top End" ; c'est aussi un refuge pour de nombreuses espèces animales en danger d'extinction ou déjà disparues dans d'autres régions.

Son survol, véritable enchantement, permet de mieux comprendre quel site géographiquement unique il représente.

Le parc est en majeure partie situé sur un escarpement de grès érodé par les pluies et le vent depuis 1 400 000 à 1 800 000 années ; ses plus vieilles roches dateraient de 2 000 millions d'années. Cet escarpement est coupé de profondes gorges sur les parois desquelles, à la saison des pluies, des cascades d'eau bouillonnante se déversent en force, abreuvant la forêt tapie à leur pied. Lui faisant suite, descendant doucement vers la mer, la plaine apparaît, couverte par paliers d'une grande variété de végétation : la savane, les arbustes rabougris, la forêt claire d'eucalyptus, la forêt marécageuse et, encore plus bas, s'avançant dans la mer, la très riche mangrove.

Dans sa partie inférieure, à la saison humide pendant laquelle, malgré un changement étonnant du paysage, les principaux centres d'intérêt du parc restent accessibles, cette plaine est sujette aux inondations causées par le débordement des rivières et des "billabongs". C'est à cette époque que les fleurs de la forêt marécageuse attirent des vols de milliers de loriquets et autres oiseaux mangeurs de miel.

LES OISEAUX, PARURE DU SOL ET DU CIEL

Mais, c'est en toutes saisons que les oiseaux par centaines ou par milliers, tracent dans le ciel de longues arabesques, parent les arbres et le sol de leurs couleurs souvent éclatantes et les innombrables points d'eau de leurs élégantes silhouettes mouvantes. Deux cent soixante quinze espèces d'oiseaux, dont certaines rarissimes et particulières au parc, sont ici présentes. Soit le tiers de celles du continent.(1)

(1) Le parc abrite deux cent soixante-quinze espèces d'oiseaux, cinquante espèces de mammifères et marsupiaux, soixante-quinze espèces de reptiles, vingt-deux espèces de grenouilles, cinquante-cinq sortes de poissons, dix mille espèces d'insectes. Il constitue un biotope unique.

Les compagnies de plusieurs dizaines de cacatoès noirs à queue rouge se rencontrent surtout dans la forêt claire où elles s'abattent sur le sol en un lent vol plané circulaire pour venir chercher les graines dans le sol.

L'oiseau-jardinier [1] préfère le sommet de l'escarpement. C'est là qu'il construit deux murs parallèles légèrement incurvés à leur base. Pour cela, sous un épais buisson, il commence par planter de petites baguettes de bois en les entrecroisant et en les orientant nord-sud. Puis, dans cette trame, il passe de fines tiges de fleurs séchées jusqu'à ce qu'il obtienne le remplissage total des interstices. Ensuite, il "peint" les parois intérieures de sa construction en les tapotant de son bec pour les recouvrir d'une mixture brunâtre faite de salive mélangée à de la sève végétale. Satisfait de son œuvre, il nettoie alors les deux entrées de sa "charmille" sur environ un mètre, jusqu'à ce que le sol soit assez propre pour mettre en valeur les objets décoratifs qu'il va venir y déposer : des os blanchis, des coquillages, des petits cailloux brillants, des graines colorées, des fruits et, depuis l'arrivée des touristes, de plus en plus souvent, des couvercles de boîtes de conserve, des morceaux de verre, des capsules de bouteilles ou des boutons. Son travail enfin terminé, il attend la femelle qui se laissera charmer par son œuvre et le lui signifiera en se posant près d'elle. A son arrivée sur les lieux, il offre un coktail de sauts, de pas de course et de cabrioles sur l'une des plateformes qu'il a décorées; danses au rythme contestable qu'il accompagne de sifflements, de cliquetis, d'imitation de cris d'autres oiseaux, tout en gonflant les plumes mauves de son cou et en "attaquant" du bec ses objets d'ornement. Si la femelle est conquise, elle entre dans la "chambre nuptiale" où il la rejoint. L'accouplement terminé, la femelle s'envole pour construire un nid un peu plus sérieux où, seule, elle élèvera ses petits. Il n'est pas rare de rencontrer une telle construction, mais très exceptionnel de voir "l'artiste" en représentation.

L'observation de nombreux autres oiseaux se fait beaucoup plus facilement sur les points d'eau. Celui de Yellow Water est exceptionnellement riche en espèces. Cette immense étendue doit son nom à la couleur d'une algue proliférant sur son fond en saison sèche. A la saison des pluies, avec l'augmentation phénoménale de ses eaux, Yellow Water s'intègre dans le réseau fluvial de la rivière South Alligator et de Jim Jim Creek. C'est durant cette période que tous les échassiers se rassemblent sur ses eaux basses et sur ses rives. L'endroit devient alors un véritable paradis pour l'observation de centaines d'espèces du monde ailé ; des oiseaux indifférents aux hommes et à leurs machines bruyantes ! Parmi eux, l'élégant brolga dont les danses émeuvent par leur grâce, leur rythme, performances qui ne sont pas sans rappeler celles de nos chorégraphes. Les hérons, les ibis, les cormorans, y sont légion, ainsi que les échassiers dont les tailles varient des plus grandes aux plus petites comme le charmant jacana ou "lotus bird". Une grande

(1) Il en existe quinze espèces (Chlamydera).

diversité d'oies et de canards, les plus bruyants de tous, se mêlent à ce tableau. Et six variétés de martins-pêcheurs ponctuent le spectacle par leurs vols piqués. Un peu plus loin, dans une descente vertigineuse, le milan lance son long sifflement. Au moment de la migration, venues de l'hémisphère nord, plus de cent mille oies-pies (magpies geese), soit quatre-vingts pour cent de la population mondiale, arrivent à Kakadu et une grande partie se retrouve à Yellow Water. Le billabong ressemble alors à une immense scène de théâtre où les espèces viennent parader les unes devant les autres, ravies, semble-t-il, d'agrandir leur audience avec la présence de touristes. Accrochées aux branches des arbres, des colonies de milliers de grandes chauves-souris dorment, la tête en bas, ou s'envolent toutes ensemble vers une région d'arbres fruitiers. Sur les berges entourées d'hectares de gigantesques nénuphars rouges, le crocodile d'estuaire somnole pendant qu'un ibis, étincelant de blancheur, l'"épouille" et qu'un animal à deux pattes se penche un peu trop de la barque pour le photographier.

TOURISTES ET CROCODILES

Ailleurs, les crocodiles entrent dans le monde des loisirs de l'homme d'une manière plus inattendue. Les organisateurs de voyages ont en effet réalisé le miracle de les apprivoiser. Sur la rivière de la reine Adélaïde où ils pullulent, les sauriens attirent des milliers de touristes. A l'arrivée du bateau, ils s'approchent lentement, pratiquement sans un mouvement, sans faire apparaître une ride à la surface de la rivière, leurs "écailles" d'animaux préhistoriques à fleur d'eau. Dès que le guide crie les noms dont il a gratifié ces monstres, ils arrivent tout près de la coque de l' embarcation, aux pieds de douzaines de touristes penchés par dessus bord pour contempler le spectacle. Ils jaillissent prestement à plus d'un mètre hors de l'eau et, de leur énorme mâchoire grande ouverte, attrapent le morceau de viande attaché au bout de la corde fixée à la perche que tient une hôtesse. Lorsque le niveau de l'eau le permet, ils font le beau comme un chien jusqu'à ce que la "friandise" passe près de leur gueule. Et ils disparaissent aussitôt pour aller la savourer sur la terre ferme. Mais, déjà, à l'appel de leur nom, d'autres accourent, attendent. Et l'on se demande combien les eaux noires de la rivière peuvent en cacher !

Sur la berge, à l'ombre d'un melaleuca en fleurs couvert de centaines de chauves-souris, d'autres encore se reposent, absolument inertes, absolument indifférents à l'agitation des hommes et de leurs congénères, symbole de l'éternité de leur espèce.

C'est ici que l'on se rend compte combien la population des crocodiles s'est reconstituée depuis la création de leur statut d'animaux protégés en 1971. Beaucoup trop bien, se plaignent certains. Car, par endroits, devenus trop nombreux, ils ne trouvent plus assez de nourriture dans les eaux et sortent trop souvent sur les berges à l'affût de toute chair vivante, de celle des chiens, leur favorite ; et, à l'occasion, de celle du touriste imprudent.

Crocodile Johnson ou crocodile d'eau douce, au museau allongé, animal inoffensif et crocodile porosus, extrêmement dangereux qui fréquente aussi bien l'eau salée des estuaires que l'eau douce des "billabongs", peuvent cohabiter. Aussi, n'est-il pas recommandé de se baigner dans les points d'eau du parc et il est même prudent de se tenir à bonne distance des rives.

Les crocodiles constituent ainsi à l'état sauvage une source de revenus touristiques. Ils conservent cet attrait dans les fermes où ils sont élevés. Les élevages sont en effet ouverts aux visiteurs et les repas des crocodiles nourris aux poulets représentent une attraction lucrative. Des sept mille pensionnaires de la ferme près de Darwin, deux mille sont tués pour leur peau mais aussi pour leur chair, ce genre de viande étant devenu le "must" du touriste et fort apprécié des habitants du Territoire du Nord qui se délectent d'un steak de "croc", comme des histoires dont cet animal est le héros, histoires typiques de cette région d'Australie. Une région fort à la mode depuis le film australien "Crocodile Dundee" qui remporta un succès mondial et contribua à l'essor touristique du parc de Kakadu.

Les crocodiles ne sont pas les seuls reptiles du parc. Les tortues d'eau douce, tortues à long cou, tortues à nez de cochon, ont colonisé tous les points d'eau. Les serpents, dont trois à la morsure mortelle, y abondent mais se rencontrent rarement ; soixante-quinze espèces y sont pourtant répertoriées ; comme le python d'Œnpelli, découvert seulement en 1977. La présence des lézards est beaucoup plus évidente. Le varan, le plus grand d'Australie avec ses 2,5 mètres, hante le tapis de feuilles de la forêt claire ; le lézard-dragon et de nombreux scinques dont celui à langue bleue se laissent parfois fugitivement surprendre et étonnent par leur allure d'animaux des temps anciens.

Kakadu c'est aussi et avant tout un gigantesque musée de l'art pariétal. Un musée qui nous éclaire sur la civilisation des premiers habitants de l'Australie et la vie que mènent encore quelques-uns de leurs descendants.

Actuellement, le parc est en effet habité par trois cents aborigènes encore attachés à certaines de leurs coutumes. Aujourd'hui, ils ont retrouvé leur titre officiel de propriétaires du parc, aussi bien devant la loi des Blancs que de celle des leurs. Ils se sont alors révélés des hommes d'affaires avisés. Ils louent la région à "l'Australian National Parks and Wildlife Service". Pour représenter leurs intérêts, ils ont fondé l'association Gagadju qui travaille en étroite collaboration avec ses "locataires" dans la direction et l'aménagement du parc et perçoit des royalties sur les activités touristiques. L'association a ainsi financé la construction d'un surprenant hôtel de luxe. Ginga, crocodile géant, ancêtre mythique des Gagadju, s'est vu "statufié" en un crocodile de deux cent cinquante mètres de long qui abrite cent dix chambres dans ses flancs, une réception, un restaurant, une salle d'exposition dans sa gueule géante et, au centre de son corps ouvert vers le ciel, un jardin exotique et une piscine. Sa gestion a été confiée à une grande chaîne hôtelière. Ce qui donne un hôtel de classe internationale enfin différent de tous les autres !

Depuis qu'ils ont repris confiance dans leur civilisation, les aborigènes acceptent d'enseigner quelques-unes de leurs connaissances, comme la compréhension qu'ils ont de leur environnement, compréhension acquise au cours des millénaires, qui leur permet d'entretenir la forêt pour le bénéfice des hommes comme des végétaux. A Kakadu, ils le font d'autant plus volontiers qu'ils espèrent ainsi parvenir à susciter le respect et à préserver leurs sites sacrés. C'est pourquoi le tourisme dans le parc, comme dans toutes les régions appartenant aux aborigènes, s'organise de façon à ce que les milliers de visiteurs annuels ne puissent en aucune manière dégrader la végétation et encore moins les sites de peintures pariétales.

LE PLUS GRAND MUSÉE NATUREL D'ART RUPESTRE

Comment pourrait-il en être autrement dans cette région qui n'abrite pas moins de cinq mille sites de peintures rupestres, les plus anciennes et les plus importantes de notre planète.

Ces sites sont parfois concentrés dans une région de pans rocheux où les peintures ont été tracées sur les parois en retrait du sommet ; ou dans de longues galeries aux magnifique murs de grès rose sur lequel le jaune, l'ocre, le blanc et le noir des tracés prennent un relief saisissant.

Contrairement à la peinture abstraite des artistes du désert central, ici la stylisation figurative prédomine. Toutes attestent des relations étroites entre l'homme, la nature et son héritage spirituel.

Les peintures nous apprennent quelques évènements majeurs survenus dans l'histoire des hommes bruns. Comme ailleurs, les plus anciennes représentent des empreintes de mains, des animaux, des personnages stylisés, des esprits, des personnages mythiques ; on y voit également des tigres de Tasmanie et des échidnés, deux animaux depuis longtemps disparus du continent. Avec le changement de climat, apparaissent les tortues à long cou, de nouveaux oiseaux. Puis, avec la montée du niveau de la mer, il y a neuf à dix mille ans, voici l'igname, le tubercule qui devient une source importante de nourriture ; les chauves-souris et enfin le serpent arc-en-ciel, l'Etre le plus important de la culture aborigène actuelle. Puis, beaucoup plus récemment, voici les premiers contacts avec des étrangers ; représentés avec leurs pirogues, les gens de Macassar en Indonésie, qui vinrent ici pêcher et chercher du bois ; les premiers navires occidentaux ; les hommes blancs et leur "bâtons-à-tuer". Un grand livre d'histoire venu de la nuit des temps qui jette une grande lumière sur ce que fut l'art préhistorique de l'Occident.

Les peintures les plus anciennes sont datées de vingt mille ans. D'autres sites australiens d'art pariétal, nous l'avons déjà mentionné, sont datés de plus de trente mille ans. En Australie, nous sommes bien aux sources de l'Art.

Le site d'Ubirr offre l'une des plus belles galeries de Kakadu. On y accède en grimpant à travers un dédale de roches entourées de sable clair dont la couleur change avec l'inclinaison du soleil. En quelques minutes on atteint le haut de l'escarpement terminé par une falaise qui s'étire en arc de cercle, et dont la paroi s'abrite sous un auvent naturel. Un calme, une sérénité inhabituelle enveloppent le site. Les yeux s'habituent à la faible lumière qui baigne la surface rocheuse. Petit à petit, ils distinguent la longue fresque tracée pour la première fois par des hommes du paléolithique, il y a plus de vingt mille ans ; une fresque que la foi inaltérable des aborigènes a permis de maintenir pratiquement intacte jusqu'au seuil du deuxième millénaire ! Une telle longévité rend terriblement perplexe et songeur le croyant d'une des religions révélées ! Les longues ombres filiformes de végétaux vont et viennent au-dessus de la longue succession de symboles, de personnages et d'animaux ; leur mouvance donne vie aux silhouettes millénaires. Un peu en retrait, voici le mortier dans lequel les artistes écrasaient leurs pigments avec la sève d'orchidées broyées pour fixer leurs œuvres sur la roche; un objet aussi ancien qu'extrêmement rare dans le monde.

Dans cette région l'art rupestre s'est définitivement éteint en 1960, à la suite du traumatisme causé par la spoliation de la région par les Blancs. Cependant, de nombreux sites restent encore vénérés et donnent toujours lieu à des cérémonies. Ils sont interdits aux non-initiés, à plus forte raison aux touristes.

Cet immense "musée" qu'aucun mur ne fait prisonnier, apporte une émotion esthétique certaine à laquelle s'ajoutent le mystère du passé de l'humanité ici presque palpable, la beauté transcendante de la nature environnante ainsi que le mysticisme, l'envoûtement, que diffusent la plupart des lieux saints du monde !

UNE MENACE PLANE SUR KAKADU

Une ombre plane sur cette région exceptionnelle. On y a découvert, on y extrait le minerai de l'avenir ou de la mort, l'uranium. Dix pour cent de l'uranium mondial reposerait dans le sous-sol australien. Le gouvernement est écartelé entre la tentation d'exploiter cette importante richesse et sa politique anti-nucléaire. Il feint de croire que le minerai exporté sera utilisé uniquement à des fins pacifiques. L'Australie vend son uranium à la France mais s'insurge contre les expériences nucléaires de cette dernière dans le Pacifique. Contradiction politique universelle.

La mine Ranger, ouverte en 1981, produit annuellement trois mille tonnes d'uranium raffiné. Trente mille tonnes reposeraient dans le parc. La production d'uranium suscite de violentes polémiques en Australie. Pourtant, les aborigènes ont accepté son exploitation. En dix ans, cette manne leur a déjà rapporté quatre-vingt-dix millions de dollars de royalties.

Certes, les procédures de sécurité sont très strictes ; la végétation, les animaux sont surveillés ; l'eau, utilisée pour le traitement du minerai, analysée dans des bassins de rétention et la société reboise le terrain après l'exploitation. Elle prétend que la radioactivité existait avant l'ouverture de la mine et que, depuis, elle n'a pas augmenté. Propos rassurants, peut-être moins convaincants que les responsables ne le voudraient. Sans vouloir être alarmiste, on peut tout de même regretter que l'un des plus beaux sites de notre planète, trois fois classé par l'UNESCO, connaisse une telle proximité.

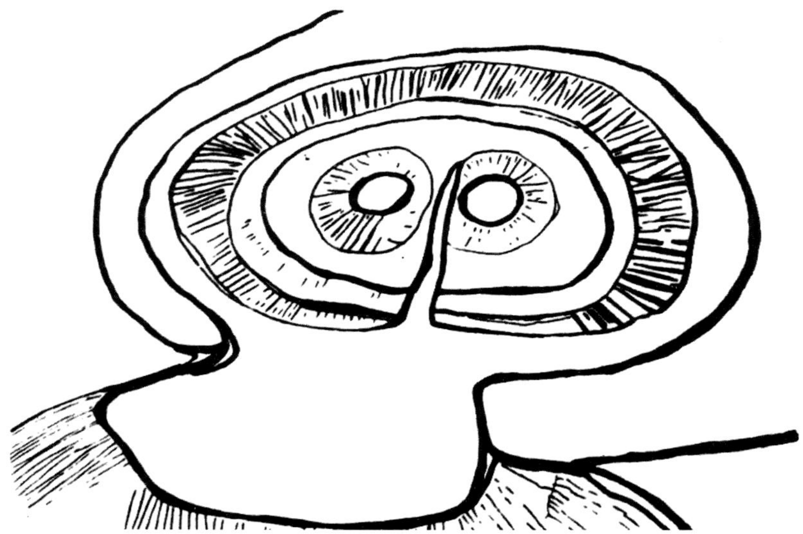

IX - LA GRANDE BARRIÈRE DE CORAIL

LE JOYAU DE LA PLANÈTE BLEUE

Tout comme l'ont fait les végétaux, les déserts, les animaux, et, à un moindre degré, les hommes noirs, la Grande Barrière nous transporte dans le fantastique passé de notre planète. Certaines de ses roches coralliennes datent en effet du miocène, –20 à –30 millions d'années, et nous révèlent un peu du mystère de la formation du monde insulaire océanien auquel appartient l'Australie.

Mais tout d'abord, qu'est-ce que la Grande Barrière ? C'est une gigantesque formation corallienne située sur le contrefort est de l'Océanie, un phénoménal bouclier qui s'étire sur deux mille kilomètres tout au long de la côte est de l'Australie qu'il protège contre la furie des flots du Pacifique, lui évitant ainsi une érosion catastrophique. Ses récifs, jamais très éloignés les uns des autres, font de cette formation le plus grand ensemble corallien du monde, presque trois fois plus important que celui de la Nouvelle-Calédonie qui vient en second. Et les Australiens se consolent de n'avoir ni cathédrale ni pyramide, parce qu'ils possèdent cette merveille, la huitième du monde !

Ce bijou de notre planète a été classé "Parc Maritime, Patrimoine Mondial de l'Humanité". Il est en grande partie sous la haute surveillance du "Great Barrier Reef Park Authority" qui en contrôle la "santé".

Son important écosystème, fait d'îles volcaniques, d'îles coralliennes à tous les stades de formation, et de récifs, abrite une grande quantité de formes de vie rares. Il passionne les scientifiques. Le centre d'étude ultra-moderne de Townsville reçoit des biologistes du monde entier. Les données recueillies par les différents spécialistes sont étudiées afin de comprendre les mécanismes interactionnels entre plantes, animaux et environnement. Mécanismes qui, pensent certains, pourraient apporter une lumière nouvelle sur le comportement des sociétés humaines.

Contrairement à ce que l'on a longtemps cru, la Grande Barrière n'est pas un mur continu. Et cette appellation ne désigne pas seulement le "bouclier" corallien mais l'étendue maritime située sur le plateau continental qui borde la côte est de l'Etat du Queensland. Elle commence au nord de l'Australie, dans les eaux du détroit de Torrès, près de la Nouvelle-Guinée, à une latitude sud de 9°,5, pour s'arrêter exactement au-dessous du tropique du Capricorne, à une latitude de 24° sud. Elle est délimitée à l'ouest par la cordillère australienne et, au nord-est, par les bas-fonds puis les hauts-fonds de la mer de Corail et d'une partie de la mer de Tasman. Il est intéressant de noter qu'au-delà de ces mers, d'autres récifs coralliens apparaissent le long de la côte de l'Australie Occidentale, restes d'une autre importante étendue corallienne dont la plus grande partie aujourd'hui émergée forme les étonnants massifs calcaires de Geiki Gorge, dans les Kimberley.

L'éloignement des récifs de la côte australienne, à l'extrémité du plateau continental, varie considérablement : au nord, à la hauteur du cap Melville (14° 10' S), il n'est que de vingt kilomètres environ alors qu'au sud, à la hauteur de la ville de Makay (22° S), il atteint trois cent vingt kilomètres.

Sur cette étendue de lagon recouvrant 260 000 km² — environ la moitié de la France — une multitude de petits récifs isolés, d'îles, d'îlots, de cayes en formation s'éparpillent comme au gré du vent dans un dédale de chenaux, de courants et d'écueils. Ce n'est qu'au nord, à la hauteur de Cairns, que les récifs sont alignés, très proches les uns des autres, formant sur neuf cent soixante kilomètres une barrière difficilement franchissable.

Leur hauteur varie ; en Australie, elle ne dépasse guère les cinq cents mètres alors qu'ailleurs leurs fondations peuvent se trouver à mille trois cents mètres sous la mer.[1] Constructions qui paraissent titanesques quand on sait qu'elles ont été édifiées par des êtres vivants minuscules, des polypes,[2] exemples de l'une des formes de vie les plus anciennes et les moins évoluées ! Leurs dimensions varient de quelques millimètres à quelques centimètres; ils représentent environ quatre cents espèces qui font la richesse et la beauté du monde corallien.

UN GRAND BATISSEUR, LE POLYPE

Quels sont donc ces êtres vivants, souvent imperceptibles, qui ont changé la configuration des océans, fait naître des îles, des civilisations spécifiques, ont été capables de réaliser des constructions à l'échelle des dimensions de la planète ?

Chaque animal, fixe comme une plante, est constitué d'un tube gélatineux, le polype proprement dit, protégé par une enveloppe calcaire sécrétée par certaines cellules de sa section inférieure. Chez les plus grands constructeurs, le diamètre du polype dépasse rarement un centimètre.

Bénéficiant ainsi d'une sécurité relative à l'intérieur de son squelette, il fallut qu'au cours des millénaires, l'animal mette au point le mécanisme qui lui permet aujourd'hui de se nourrir malgré son absence de mobilité. Pour cela, sa partie antérieure est couronnée de tentacules rétractiles renfermant des milliers de "capsules" faites de cellules extrêmement sensibles ; sa partie

(1) Atoll de Bikin : 1 332 mètres.
(2) Appartenant à l'embranchement animal le plus complexe qui soit, celui des coelentérés.

supérieure est dotée de cils vibratils reliés à la partie antérieure par un filet nerveux qui sonne l'alarme dès qu'un micro-organisme ou une bactérie frôle ces derniers, faisant instantanément jaillir des "capsules" d'innombrables filaments bordés de dards venimeux qui se projettent sur la proie et l'agrippent de leurs crochets recourbés. Aidés des cils vibratils, les tentacules dirigent la prise vers l'orifice centrale qui sert de bouche et d'anus. C'est lorsque les tentacules sont en pleine action de chasse que le corail semble couvert de petites fleurs dont la couleur et la forme varient avec les groupes et parfois au sein d'une même famille. C'est surtout la nuit, dans le faisceau d'une lampe électrique que le plongeur peut assister au repas du corail et s'émerveiller de cette féerie. Féerie provoquée par le très prosaïque processus de l'un des premiers maillons de la chaîne alimentaire des êtres vivants.

Pour vivre, les polypes constructeurs exigent la pureté d'eau nécessaire à la pénétration de la lumière, une température optimale variant de 24 à 29°, des conditions de salinité optimum de trente-cinq pour cent, une certaine nature de sol et une abondance de plancton. Toutes ces exigences sont réunies dans les eaux de la Grande Barrière. La nourriture planctonique y est particulièrement abondante.[1] C'est entre la surface et –20 mètres que se sont fixées le plus grand nombre d'espèces de corail.

L'enveloppe calcaire ou calice corallien du polype, croît en hauteur. Elle est composée d'une plaque basale de laquelle s'élève une paroi externe, et de six, douze ou dix-huit fines lamelles calcaires. La sécrétion de carbonate de calcium par la section inférieure du polype recouvre petit à petit la plaque basale, obligeant l'animal à en former une autre qui, à son tour, sera emmurée par la sécrétion calcaire et ainsi de suite. La synthèse du calcaire est activée par une algue unicellulaire, la zooxanthelle, présente dans les cellules endodermiques des coraux. Une association animale et végétale, une endosymbiose exemplaire. Le polype profite des sucres, glycérines, acides aminés provenant de l'activité métabolique des micro-algues. Les algues, à partir du gaz carbonique produit par la respiration du corail, fabriquent du sucre et de l'amidon ; pour se nourrir elles transforment ce dernier en protéines utilisant pour cela certains produits chimiques provenant de la digestion du polype ; ce faisant, elles assurent le maintien de la pureté de l'eau, et par conséquent, la vie et l'extension du corail dans ce milieu.

Mais cette interdépendance a limité l'habitat du corail dans les mers peu profondes car, pour réaliser la photosynthèse, première source de vie, cette algue particulière doit pouvoir capter les rayons solaires. Le fait que l'on trouve des récifs coralliens à de grandes profondeurs serait l'indice de l'affaissement du fond de l'océan à cet endroit. Dans ce cas, pour éviter une immersion trop profonde, mortelle pour l'algue zooxanthelle et donc également pour lui, le corail va

(1) Elle serait due à des courants qui font remonter en surface des micro-algues, conséquence de l'anticyclone qui passe au sud de l'Australie.

déclencher une croissance verticale en couches successives jusqu'à ce que la photosynthèse redevienne possible. Ce qui explique la présence de récifs coralliens là où ils ne devraient pas être et renseigne donc sur les transformations des fonds sous-marins.

FORMATION D'UNE ÎLE CORALLIENNE

La caye de Michaelmas offre l'opportunité de comprendre comment se sont formées les nombreuses îles coralliennes paradisiaques de la Grande Barrière. Elle se trouve à environ une heure de navigation de Cairns.

Les flots bleu nuit et moirés des bas-fonds défilent, longtemps. Puis, à l'horizon, une insolite petite plage, aussi blanche et étincelante que la neige, semble avoir quitté la terre ferme pour venir ici, seule, paresser sur les eaux dont la couleur turquoise scintille comme la plus pure des pierres précieuses. Une image irréelle, que l'on prend tout d'abord pour un mirage. Le bateau approche et l'on découvre une large grève circulaire et pentue, aveuglante des mille feux de silice, qui entoure une plate-forme haute d'environ un mètre, longue d'à peine cinquante, et sur laquelle la réverbération est moins insoutenable. Une "plate-forme" maritime, propriété de milliers d'oiseaux si l'on en croit les cris de protestation qui accueillent le visiteur ! Des milliers d'oiseaux qui nidifient à même le sol et qui, à l'arrivée des humains, s'envolent dans des nuées désordonnées, effleurant les cheveux, les visages, tout à coup encore plus criards. Au sol, les oisillons, complètement affolés, pépient autant de peur que de colère, courent dans tous les sens, bousculant au passage les œufs encore non éclos. Les parents prennent le risque de revenir se poser, mais apparemment loin de leurs petits car la panique continue. Ici, les touristes ne sont certainement pas appréciés. Ni souhaitables.

Tout autour du sable blanc, l'eau cristalline laisse percevoir une surface brune, polie, luisante. C'est le socle fait de corail mort sur lequel l'îlot s'est construit. A un certain moment, lors de la baisse du niveau des eaux, le récif se trouva exposé à l'air libre. Le corail mourut en surface et se désagrégea lentement. Certains débris, trop lourds pour être éparpillés par le vent, s'amassèrent dans la partie la plus abritée où ils furent retenus prisonniers. A leur tour, ils arrêtèrent d'autres fragments de coraux et de coquillages apportés par les flots. Petit à petit, l'amoncellement émergea. Sous l'action de certaines algues, ces débris se pulvérisèrent et le ruissellement les transforma en grès. Au cours des millénaires, leur hauteur et leur longueur augmentèrent jusqu'aux dimensions actuelles qui continuent imperceptiblement de croître.

Très tôt, les oiseaux marins vinrent se poser sur cette surface solide en plein océan. Plus tard, ils y nidifièrent. Ils enrichirent lentement le sol de leurs excréments qui bientôt recouvrirent l'îlot d'une mince couche d'humus organique. Ils y laissèrent tomber des graines, collées à leur plumage lors de leur passage sur d'autres îles ou sur le continent. Le vent et la marée en poussèrent d'autres sur le rivage. La vie végétale apparut alors sous forme de plantes rampantes. Dans un temps plus ou moins lointain, quand l'épaisseur de guano sera suffisante et que le hasard apportera une graine adéquate, l'arbre fera son apparition. Pour conquérir la nouvelle terre, il se mettra à croître et à se multiplier. Le sol, enrichi de son humus végétal, accueillera d'autres espèces végétales. Ainsi, grâce à l'action des eaux, des minéraux, des animaux et des végétaux, une nouvelle terre se façonnera. Une nouvelle terre dont les fondations, assez fortes pour résister aux tempêtes les plus violentes, ont été construites par des formes de vie minuscules, les plus anciennes et les moins évoluées de la planète !

UNE FÉERIE DE COULEURS

Le survol en hélicoptère de la Grande Barrière permet de découvrir sa beauté, l'irréelle pureté de son air, de ses eaux, sa complexité, sa diversité.

Les couleurs de la mer émeuvent les plus blasés : les bleu profond et toujours différents des bas-fonds, moirés comme un velours ou brillants et réfléchissant la lumière comme une immense vitre plate ; les longues traînées des bleu et des vert pastel de ses lagons, tellement cristallins que l'on ne peut croire qu'il s'agit bien d'étendues d'eau, et qui se font de plus en plus doux à leur approche de la terre ; le vert luxuriant du manteau sombre des îles volcaniques, en à-pic sur le bleu outre-mer ; les surfaces neigeuses, étincelantes de mille feux des petites cayes rondes ; la luminosité des plages de sable des petites îles qui semblent flotter sur des écrins de pierres précieuses chatoyant sous les jeux de la lumière ; toutes ses images évoquent un gigantesque joyau que l'on voudrait ne jamais quitter, si ce n'est pour s'y immerger.

La plongée sous-marine dans les eaux de la Grande Barrière, le rêve de tous les plongeurs ! Une expérience magnifique commence car la féerie s'amplifie sous le fluide irréel du lagon. Les images arrivent, aussi nettes que dans l'air le plus pur : symphonie des couleurs, grâce du mouvement lent des tentacules fleuris du corail, ballets de petits poissons aux teintes acides, étrange propulsion silencieuse d'une raie du lagon, d'une étoile de mer bleu vif, d'un banc de poissons dont les centaines d'individus forment une seule et même entité face au danger ; et tant d'autres vies minuscules, ou gigantesques comme les requins et les raies manta, dont les formes et les couleurs furent modelées au cours des millénaires pour que chaque espèce puisse vivre au mieux et se multiplier. Ici, il n'y a que beauté !

Quelques heures de navigation à bord d'un dinghy est une autre expérience étonnante. L'embarcation semble posée sur une matière inconsistante inconnue, à nouveau trop cristalline pour n'être que de l'eau, une matière invisible sous un certain angle, qui laisse les formes et les couleurs qu'elle contient apparaître avec la même netteté que le fait l'air au-dessus d'elle. Loin à l'horizon, les teintes se succèdent, tel un puzzle de pierres précieuses : des aigues-marines, des turquoises, des saphirs, et, sur les hauts-fonds de sable blanc corallien, du cristal le plus pur, toutes resplendissant sous la luminosité du ciel qui semble vouloir rivaliser d'éclat avec elles. Une tortue à bec apparaît, à fleur d'eau, respire et plonge tranquillement. Un barracuda jaillit dans l'air, son corps bleu nuit, dressé à la verticale sur sa nageoire caudale, semble glisser sur la surface des flots. Avec le reflux, des plaques de corail apparaissent çà et là, dangereuses pour un navigateur ignorant la région. Le souvenir des récits des grands navigateurs, comme Torrès, Blight, Cook pour ne citer que les plus connus, les premiers qui se risquèrent dans les dédales coralliens, reviennent à l'esprit. Et il semble que les flots content les longues tragédies des corvettes disparues corps et bien dans ce monde de beauté.

LA MANGROVE, BERCEAU DE LA VIE

La mangrove, cette forêt bien particulière, berceau d'un grand nombre d'espèces animales océaniques, est la plus grande victoire de l'ancêtre de l'eucalyptus. Sur les vingt-sept espèces qui la forment, quatorze appartiennent en effet à la même famille que ce dernier. Pour conquérir ce sol immergé enrichi du limon des rivières et de la boue corallienne, (plus riche qu'aucun sol artificiellement enrichi), mues par une "intelligence" mystérieuse, ces espèces ont su exploiter, transformer leur capital génétique de manière à être capables de neutraliser l'action chimique de l'eau salée, de transformer leur système respiratoire, de renforcer leur résistance à la déshydratation, d'inventer un autre mode de reproduction. Une adaptation phénoménale qui a créé le biotope le plus riche de notre planète.

A marée basse, il est possible de se rendre compte de la richesse de ce milieu en se promenant sur les passerelles aménagées au-dessus de la surface de la mangrove de l'île d'Huchinson. Dans la cime des arbres, les possums dorment tranquillement, les martins-pêcheurs guettent le crabe et se laissent tomber sur lui au bon moment ; les insectes par milliers chantent ou murmurent. Sur le sol d'où l'eau s'est momentanément retirée, une boue sombre sous une forêt de racines de bois dur et noir, hautes parfois de plus d'un mètre, terriblement emmêlées, imbriquées. Des bulles d'air éclatent à la surface, révélant les multiples vies qui s'y cachent. Des bruits sourds, parfois aigus en sortent. Par endroits, la boue palpite comme la peau d'un animal et, ailleurs, projette avec violence de longs jets d'eau pendant quelques instants ; le crocodile marin se tapit sous les racines enchevêtrées, la plupart du temps invisible, comme l'est le varan d'eau qui, pour s'adapter à ce mode de vie semi-aquatique, s'est mis à lui ressembler.

Dans ce biotope il n'est pas rare d'observer le petit poisson grimpeur appelé aussi le gobie marcheur. (périophtalmus). Il émerge d'une flaque d'eau en courant pour chasser l'un de ses congénères ou pour aller grimper tout aussi vite sur une racine. Là, il attend le passage d'un insecte, claque sa mâchoire sur le premier venu et redescend rapidement dans la boue où il disparaît. Il est l'une des curiosité de la mangrove. Il rappelle que la vie, apparue dans la mer, dut subir de nombreuses transformations avant de pouvoir conquérir la terre ferme. Dans l'eau, ses branchies fonctionnent normalement ; sur terre, le gonflement de la peau des ouïes permet une réserve d'air qui s'humidifie au contact des branchies et se laisse ensuite désoxygéner partiellement ; sa queue qui traîne continuellement sur le sol saturé d'eau, lui permet un troisième mode de respiration, celle des amphibiens, c'est-à-dire l'échange d'oxygène à travers la peau ; ses nageoires pectorales se sont transformées en véritables pattes musclées, faisant de lui l'étonnant poisson marcheur ; sa nageoire ventrale est devenue ventouse et lui permet des prouesses d'escalade.

A la saison des amours, on peut le voir, allongé sur son estrade de parade, sorte de tourelle de vase qu'il a vaillamment construite, ses nageoires devenues brillamment colorées retombant ostensiblement, véritables signaux indiquant à une femelle qu'ici elle peut assurer l'avenir de sa race ! Une race qui, après la conquête de l'eau et de la terre ferme rêve peut-être de conquérir les airs !

La mangrove est beaucoup plus qu'un lieu d'observation privilégié pour une faune unique. A une époque où l'augmentation de la population mondiale inquiète les scientifiques de tous bords, son étude paraît capitale aux biologistes de la mer. Dans le centre de recherche australien (A.I.M.S.) des appareils sophistiqués enregistrent la respiration et la photosynthèse des arbres. Les chercheurs mesurent la quantité de carbone produite et la quantité utilisée par le plancton et les autres formes de vie sous-marines ; ce qui leur permettra d'évaluer son potentiel de productivité. Car, déterminer les forces en présence dans ce biotope, leurs interactions, s'avère vital pour l'aménagement des régions tropicales australiennes où la densité de population s'accroît très vite, menaçant d'aggraver la pollution et de détruire un jour la Grande Barrière de Corail.

UN JOYAU VULNÉRABLE

La marche sur le récif à marée basse apporte, elle aussi, joie et surprise. Malgré toutes les précautions que l'on peut prendre, il est bien certain qu'une telle action n'est pas sans conséquence pour la faune et la flore de l'endroit. Un morceau de corail soulevé et non remis en place, un prélèvement trop élevé d'un certain coquillage, et toute une série de niches écologiques d'animaux parfois invisibles, tout un équilibre dans la chaîne alimentaire sont détruits. Malgré la surveillance sévère des rangers de la mer ; malgré l'information diffusée grâce aux brochures distribuées par toutes les agences ; malgré l'interdiction de visiter certaines îles, de ramasser certains coquillages, de n'en prélever qu'une quantité raisonnable ; malgré tout cela, il est bien certain que le tourisme représente une source de pollution.

Les nuisances commencèrent dès l'arrivée des premiers colons sur les côtes qui bordent la

Grande Barrière : destruction d'une forêt côtière faite d'arbres gigantesques produisant un humus particulièrement riche, en symbiose avec les eaux du lagon ; érosion galopante des espaces semi-désertiques qui la remplacèrent et que des milliers de bovins et d'ovins — l'hérésie de la civilisation occidentale — polluèrent de leurs excréments ; culture de la canne à sucre avec ses feux nécessaires mais dévastateurs ; disparition des animaux autochtones après l'introduction des chats et des chiens qui tuèrent facilement les petits marsupiaux, des lapins plus prolifiques que ces derniers qui spolièrent leurs niches écologiques, des cochons, lachés par Cook, qui proliférèrent et labourèrent tout sur leur passage, diffusant rapidement de nombreuses épidémies, du crapaud-buffle, introduit pour combattre un insecte nuisible à la canne à sucre et qui n'en fit rien mais empoisonna de son venin oiseaux, marsupiaux et reptiles ; la pêche au chalutier, mortelle pour l'équilibre du monde corallien ; la pêche au harpon pratiquée par de trop nombreux touristes ; la destruction presque totale de la tortue-à-bec, tuée pour son écaille ; les milliers de bateaux de plaisance, sans compter les autres, et, bien sûr, inévitable en Australie, la pollution par l'extraction minière le long des côtes, tout cela métamorphosa la chaîne symbiotique millénaire. Lorsque l'homme blanc s'en aperçut, il était déjà trop tard. Et, s'il l'avait su, qu'aurait-il fait ? La prise de conscience de l'importance de la préservation de la nature pour la survie de l'humanité est une notion bien récente, qui fait encore sourire quelques-uns.

A ce déséquilibre causé par l'homme, s'ajoute celui né de la prolifération anormale d'une étoile de mer, l'Ancasther planci qui se nourrit de corail. Selon certains scientifiques, ce phénomène provient de la disparition des différents prédateurs de l'ancasther ; prédateurs anéantis par la pollution alors que leur proie, à tous les stades de sa vie, s'y adapte parfaitement. D'autres attribuent cette multiplication principalement à la disparition du triton géant, trop pêché, prédateur de l'étoile devenue adulte. D'autres pensent que cette prolifération est due à un changement de la température de l'eau. D'autres encore, ne veulent voir là qu'un cycle naturel qui, de lui-même, disparaîtra, comme ce fut le cas en mer Rouge où le même phénomène eut lieu avec les astéries épineuses. La plus grande pollution, le forage de pétrole dans les eaux de la Grande Barrière, a tout de même été évitée, mais de justesse et grâce à une réaction violente non seulement des écologistes mais de tout le peuple australien. Cette victoire, qui pour un temps fut considérée comme momentanée, semble aujourd'hui définitive. Espérons que la beauté irréelle du joyau de la planète bleue sera encore longtemps préservée et restera une valeur transcendante.

X - LA TASMANIE

UN VISAGE INATTENDU DE L'AUSTRALIE

Environ quatorze heures de navigation sur une mer souvent agitée séparent Melbourne de la charmante petite île de Tasmanie, la petite "Tassie", comme l'appellent les Australiens. Dès l'arrivée, tout change, tout redevient à la mesure de l'homme. Les paysages reprennent les dimensions de ceux de l'Europe et, s'ils ne diffusent pas une euphorie quasi mystique comme ceux du continent, ils sécurisent et rendent gentiment joyeux. Les grandes villes aux banlieues tentaculaires y sont absentes, remplacées par de petites bourgades paisibles dont l'ambiance rappelle celle que connurent les autres capitales d'Etat de la fédération il y a plusieurs décennies. Un charme reposant qui cache cependant un dynamisme n'ayant rien à envier à celui du continent.

Séparée de l'Australie par les deux cent cinquante kilomètres du détroit de Bass, l'île de Tasmanie , avec les petites îles de Flinders, King et Cap Barren, forme l'un des six Etats australiens ; sa superficie représente à peine le centième du continent australien ; elle apparaît minuscule si on compare ses 60 361 km² aux millions de kilomètres carrés des autres Etats et sa population, de quatre cent cinquante mille habitants, importante, comparée avec les dix-sept millions de celle du continent. Située entre le 40ᵉ et le 43ᵉ degré de latitude sud, la Tasmanie est l'une dernières terres habitées avant les immensités glacées de l'Antarctique. Malgré cette proximité, elle jouit d'un climat tempéré et, grâce à son relief ponctué de collines et de montagnes, bénéficie de précipitations abondantes.

La Tasmanie est mondialement renommée pour la sauvagerie originelle de certains de ses paysages. Au cours des vingt dernières années, elle a joué un rôle essentiel dans les mesures prises en faveur de la conservation et de la préservation de l'environnement. Elle possède plus de parcs nationaux et de réserves qu'aucun autre Etat. En 1982, les trois plus grands de ses parcs (Cradle Mountain-Lake St Clair, Franklin-Gordon Wild River, South West) furent reconnus par l'UNESCO comme faisant partie des dernières grandes régions sauvages de la planète et inscrits sur la liste "Patrimoine de l'Humanité". Sous l'influence des écologistes, d'autres régions seront portées sur cette même liste. Aujourd'hui, de ce fait, vingt pour cent de la superficie de l'île sont à l'abri d'exploitations forestières, de constructions de barrages hydro-électriques mais aussi des petits méfaits de certains randonneurs, obligés dorénavant de ne laisser aucune trace de leur passage sous peine d'amende.

Malgré sa petite taille, la Tasmanie présente des paysages extrêmement différents. Le nord, le centre et le sud-est de l'île sont des régions vallonnées, riches et fertiles, où vit la plus grande partie de la population. Les côtes y sont accueillantes, offrant des ports naturels, des plages agréables.

En hiver, les plateaux du centre peuvent évoquer les paysages verdoyants de l'Angleterre, à l'horizon jamais lointain ; mais en réalité, lovés dans la luminosité et la pureté des ciels australs, ils restent typiquement australiens et seule la nostalgie pour la mère patrie des premiers colons a pu susciter une telle comparaison.

Sur les hauts-plateaux, le pays des trois mille lacs, la majesté des pics déchiquetés apparaît à travers la brume s'élevant de la surface d'immenses étendues d'eaux encaissées entre les versants de la montagne, au milieu de forêts ; une brume argentée qui se laisse transpercer par le soleil dont la lumière devenue perlée enrobe le paysage d'un charme doux et sécurisant. Une autre beauté transcendante de l'Australie.

A l'ouest et surtout au sud-ouest, la beauté tranquille ou majestueuse disparaît pour céder la place à des côtes battues par les 40ᵉ rugissants, à une nature étonnamment sauvage, faite de forêts impénétrables, de sombres montagnes qui culminent au mont Osa à mille six cent dix-sept mètres et qui abritent dans leurs flancs des grottes profondes où stalactites et stalagmites forment de somptueux décors.

C'est à partir de Strahan ou de Straghgordon, après avoir noyé son regard dans la plus vaste étendue de mer qui soit, une mer sans la moindre petite île avant les terres d'Amérique du sud tout là-bas à l'ouest, après avoir remonté la rivière King, c'est alors que l'on peut s'enfoncer sous les frondaisons de la forêt de la pluie, l'une des toutes dernières forêts tempérées de notre planète encore pratiquement vierge. Une forêt spongieuse, aux branchages imbriqués, festonnée de mousse et de lichen, de toiles d'araignées gigantesques fardées de gouttes de pluie où se joue l'éphémère rayon de soleil. Une forêt dont le sol est jonché de fûts d'arbres morts, pourris, moussus, squelettes sur lesquels elle se régénère ; un sol où il est impossible de marcher, dans l'épaisseur duquel grouille la vie animale, petits marsupiaux, myriades d'insectes, petits crustacés ; par endroits le regard est attiré par la couleur tendre ou violente d'étonnantes fleurs sauvages, émouvantes de fragilité dans cette profusion outrancière du végétal géant. Une forêt d'un autre temps où les derniers pins Huon, majestueux, s'élèvent plus haut que tous les autres arbres, comme pour clamer leur victoire sur l'homme blanc qui n'a pas encore réussi à les faire disparaître.[1]

Sous les lianes qui tremblent avec le vent et la pluie, sous la lumière atténuée que diffusent les étranges cimes emmêlées, l'imagination entraîne le voyageur vers cette même forêt,

(1) Le pin Huon est particulier à la Tasmanie.

lorsqu'elle recouvrait nos régions européennes, à l'époque où le végétal dominait encore notre vieux monde. Pour les scientifiques, elle représente un laboratoire vivant où se trouverait inscrite l'évolution du monde végétal depuis cent cinquante millions d'années, alors que le continent Godwana existait encore.

Toujours à l'ouest, une autre forêt vierge couvre les flancs des montagnes, dans le parc de Cradle Mountain-Lake Saint Clair ; une région elle aussi classée "Patrimoine de l'Humanité" sur laquelle la pluie ou la neige tombe trois cent soixante jours par an. Malgré cela, ou à cause de cela, les Australiens du continent aiment venir se reposer dans un complexe touristique magnifiquement intégré au paysage grâce à des constructions tout en bois, base confortable pour des escalades sur les pics déchiquetés, des excursions dans une forêt parsemée de cascades tumultueuses, où les wallabies et les possums viennent au devant des promeneurs pour leur quémander un biscuit ou un fruit. Des rangers entretiennent chaque jour les sentiers ; sentiers que les touristes ne doivent en aucun cas quitter. Un tourisme policé qui, ici aussi, s'avère indispensable pour préserver, autant qu'il se peut, l'équilibre végétal originel.

C'est peut-être dans ces forêts que survivrait un animal que l'on n'a pas revu depuis 1936, le Thylacine ou tigre de Tasmanie, appelé ainsi en raison de son pelage rayé. Surnommé le tueur de moutons, il fut l'objet d'une chasse sans merci. En 1888, sa tête fut mise à prix par le gouvernement de l'époque, qui la paya une livre jusqu'à sa disparition.

Le Thylacine était le seul représentant d'une espèce de marsupial carnivore d'une telle taille, à peu près celle d'un berger allemand. Une sorte de grand chien avec une queue rigide, légèrement applatie latéralement. Le mâle possédait une tête plus grosse et plus allongée que celle de la femelle. On pense que les petits, au nombre de trois ou quatre, restaient environ quatre mois dans la poche marsupiale.

De nombreux témoins prétendent avoir entrevu le tigre de Tasmanie au détour d'une piste ou dans les phares de leur voiture. Pourtant, les différentes expéditions scientifiques parties à sa recherche ne l'ont toujours pas retrouvé. Malgré tout, de nombreuses personnes pensent que cet animal, devenu mythique, survit toujours dans les jungles de l'île. Une manière de garder une part de rêve qui rend les forêts de Tasmanie un peu plus mystérieuses.

La Tasmanie est aussi le domaine d'un autre animal étrange, le diable de Tasmanie, (sarcophilus harrisi), lui, toujours bien vivant. De la taille d'un gros chat, c'est aussi un carnivore marsupial qui, malgré sa petite taille se nourrit de charogne, de wallabies, de possums, d'oiseaux, de lézards, de serpents, d'insectes et aussi de baies sauvages. Après la naissance des petits, la femelle chasse son compagnon pour l'empêcher de dévorer sa progéniture.

D'autres marsupiaux comme le wombat, le wallaby Bennett et le kangourou de forêt y sont nombreux

Les monotrèmes ont également survécu en Tasmanie. Ils sont représentés par le platypus et un échidné différent de celui du continent. On dénombre également pas moins de deux cent vingt espèces d'oiseaux dont quatorze particulières à l'Australie.

La plupart des animaux de l'île sont désormais sur la liste des espèces protégées, comme l'est un peu tardivement l'hypothétique tigre de Tasmanie. Mieux vaut tard que jamais.

LE DYNAMISME D'UN PETIT ÉTAT

La Tasmanie n'est pas seulement riche de ses étendues vierges qui attirent de plus en plus de touristes, australiens en attendant ceux d'outre-mer. Ce petit Etat joue aussi un rôle non négligeable dans l'économie australienne.

Il tire ses principales ressources de l'exploitation minière, de l'agriculture (dont la culture du pavot à des fins pharmaceutiques), de l'élevage de bovins et d'ovins. Il est réputé pour ses élevages de saumons, pour ses langoustes, ses crevettes et ses crabes géants atteignant jusqu'à un mètre cinquante d'envergure et pouvant peser dix-huit kilos. Ici, la mer n'a pas encore été polluée mais les pêcheurs s'insurgent contre les bateaux-usines, souvent japonais, qui pratiquent une pêche outrancière, quand ils ne dévastent pas l'océan avec leurs immenses filets.

La Tasmanie est également renommée pour ses fromages, très appréciés sur le continent, ses fruits, tout particulièrement la pomme dont elle a fait son emblème.

L' exploitation forestière (quarante-quatre pour cent de l'île sont couverts de forêts), fournit la moitié de la pâte à papier nécessaire à l'Australie ; depuis quelques années, sous l'influence des écologistes alarmés par l'érosion que provoquent les déboisements intensifs, les exploitations forestières commencent à replanter les sites mis à nus avec des arbres à croissance rapide.

Dans les monts Lyell, près de Queenstown, le paysage rappelle combien au début de la colonisation les exploitants se souciaient peu de préserver la nature pour leurs descendants. C'est là qu'une exploitation forestière a abattu trois millions de tonnes de bois en vingt ans pour les hauts-fourneaux de la mine de cuivre exploitée non loin de là. Le sol, mis à nu, puis imprégné des émanations de sulfure provenant de l'extraction du minerai, refuse depuis de donner vie au moindre végétal. Les différentes tentatives de reboisement avec différentes espèces ont été des échecs. Aujourd'hui, les monts Lyell offrent au regard leurs flancs meurtris, dénudés jusqu'à la roche. Un paysage lunaire qui attire le touriste tasmanien sans doute fatigué de l'exubérance végétale de son île. Ce qui redonne vie à la petite agglomération de Queenstown, cité minière historique, isolée dans les montagnes, qui connut son heure de gloire lors de la ruée vers l'or en 1891. Aujourd'hui, Queenstown tire encore ses principaux revenus de l'exploitation de sa mine de cuivre.

"Si les Français avaient colonisé la Tasmanie, nous aurions des vignobles à la place de nos vergers", nous a-t-on souvent dit. Comme l'Etat de l'"Australie du Sud" producteur de vin, le nord de l'île jouit en effet d'un climat et d'une terre favorables à la culture de la vigne. Et c'est bien un Français, Jean Miguet, qui en 1956 introduisit des ceps de son pays sur l'île, sous l'œil goguenard des Australiens. Depuis, les vignobles se sont étendus, vingt-deux exploitants produisent d'excellents Médoc, Pineau noir, Chardonnet, Caberney Sauvignon et même du Champagne dont la qualité se rapproche de celle du français. Ces vins ont maintenant fait leur apparition sur le marché mondial.

Les nombreux lacs et rivières ont permis la construction de barrages qui produisent sept pour cent de l'énergie électrique consommée par l'Australie. Une électricité bon marché dans l'île qui attire de plus en plus les industriels.

La fabrication d'appareils fonctionnant à l'énergie solaire a ouvert depuis peu un important marché vers les pays du Pacifique et du Sud-Est asiatique. La Tasmanie est également réputée pour ses nombreux centres de recherche et ses techniques de pointe. Depuis quelques années, le tourisme tend à devenir une industrie importante et procure déjà de nombreux emplois aux jeunes insulaires.

LA VILLE DE HOBART

La Tasmanie ne compte que deux villes relativement importantes. Launceston, la plus ancienne, quatre-vingt-douze mille habitants, située au nord, sur la rivière Tamar et, à l'extrémité sud-est, à l'embouchure de la rivière Derwent, dominée par les 1 269 mètres du mont Wellington, enneigé en hiver, Hobart, cent quatre-vingt-cinq mille habitants, capitale de la Tasmanie,

Hobart est tout à la fois la plus grande ville de la Tasmanie et la plus petite des capitales d'Etat de l'Australie. Une capitale dont le centre ne compte qu'une cinquantaine de rues jalonnées çà et là de bâtiments historiques datant de l'époque coloniale. Une capitale ignorant les problèmes des grandes villes. A Hobart, on ne rencontre pas de problèmes de stationnement ou de transport pour aller travailler ; pas de pénurie de logement, pas de pollution, peu de chômage, et la criminalité reste exceptionnelle. Dans les rues, on ne remarque pas de gens pressés se croisant sans se voir parmi une foule déshumanisée.

Une seule ombre à ce tableau un peu trop idyllique, une météo capricieuse, et de la neige et du froid sur les hauteurs.

Depuis la conquête du pôle sud par Scott et Amundsen en 1911, Hobart, la ville la plus proche du continent Antarctique est une base de départ importante pour les expéditions polaires. C'est de Hobart que les expéditions polaires françaises, créées par Paul-Emile Victor, appareillent pour la Terre Adélie.

L'Australie qui possède trois bases sur le continent glacé, en contrôle le plus grand secteur. En Antarctique et sub-Antarctique, elle maintient des stations scientifiques à Mawson, Davis,

Casey et sur l'île de Macquaries ; elle joue un rôle important dans l'exploration géographique et la recherche scientifique en Antarctique.

En définitive, sous des allures nonchalantes, les habitants de la petite "Tassie" cachent une efficacité semblable à celle de beaucoup d'Australiens du continent. Mais ils ont su faire de leur île un havre de paix, malgré tout un peu hors du temps, où les grands bouleversements qui agitent le monde arrivent bien étouffés. Une île où il fait bon vivre.

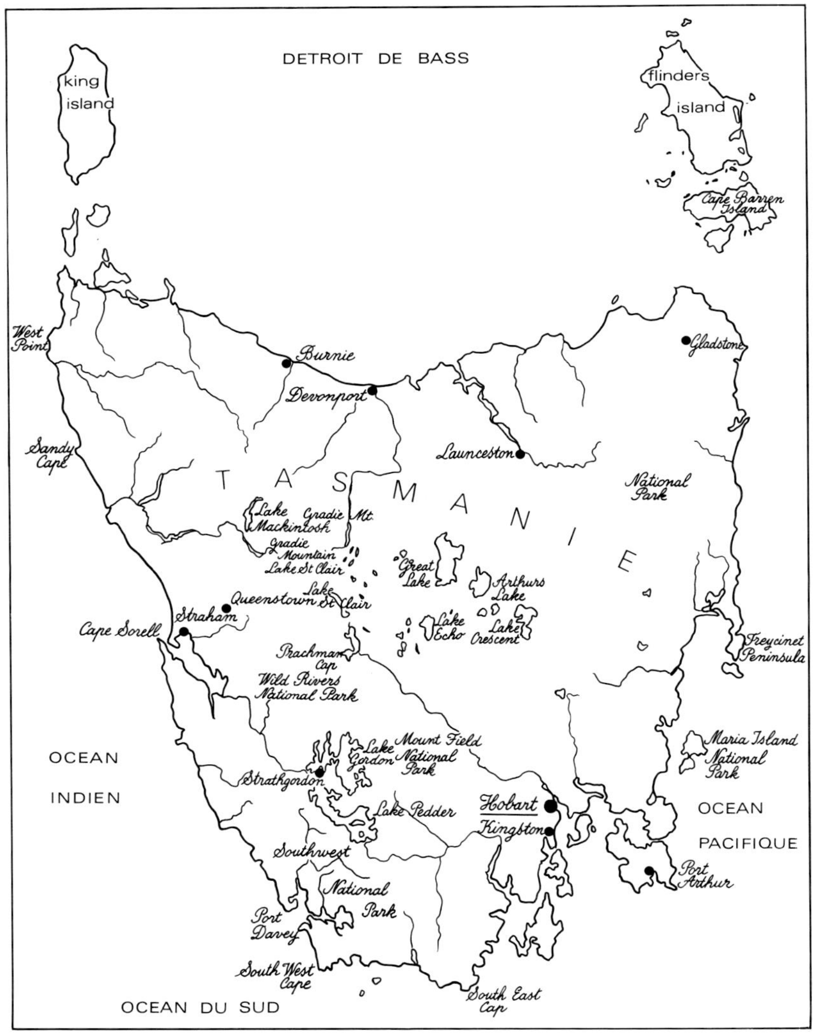

XI - LA RÉSSURECTION DES TASMANIENS (1)

LE BAGNE LE PLUS INHUMAIN

Rarement les hommes ont mis autant d'acharnement à détruire l'homme qu'en Tasmanie.

Les Australiens de cet Etat n'aiment pas se rappeler l'histoire tragique des débuts de la colonisation de leur île. Pourtant, enfouies dans la forêt d'une petite île de la côte ouest, quelques ruines rappellent l'un des drames du début de la colonisation.

L'Australie, on le sait, fut choisi par les Anglais comme lieu de déportation. Les condamnés les plus dangereux furent envoyés en Tasmanie à l'île de Sarah où l'évasion était impossible. Ce fut le bagne le plus inhumain qui ait jamais existé. Durant douze ans, son histoire fut jalonnée de cruels sévices, d'exécutions, de meurtres, de famines, d'évasions manquées et même de cannibalisme. Pour les prisonniers détenus sur l'île de Sarah, la mort était une délivrance.

La situation devenant intenable, on construisit le pénitencier de Port-Arthur sur la péninsule de Tasman, dans un site superbe. Port-Arthur fut une ville prison avec sa ferme, son église, sa scierie, ses fabriques et de nombreuses maisons où logeaient mille personnes, gardiens, soldats, fonctionnaires et leurs familles, employés au pénitencier.

Les conditions de détention dans cette prison " modèle " furent tout aussi terribles. Au lieu d'être fouettés, bastonnés et laissés sans nourriture, les prisonniers étaient enchaînés et confinés dans un total isolement. Lorsqu'ils sortaient de leur cellule, on recouvrait leur tête d'une cagoule afin qu'ils ne puissent voir ou parler aux autres prisonniers. Cette innovation devait favoriser l'état contemplatif et le recueillement religieux propice à la rédemption des condamnés.

Entre 1830 et 1877, douze mille cinq cents convicts, criminels mais aussi de petits délinquants et beaucoup d'innocents subirent ce traitement. Deux mille d'entre eux reposent sur une petite île, face au pénitencier, dans les fosses communes du cimetière. Les plus résistants survécurent et, leur peine purgée, formèrent les racines de la nation australienne. Tasmanie, île de beauté et de cruauté.

Aujourd'hui, dans l'île de Sarah, seules quelques pierres enfoncées dans la forêt rappellent les tortures infligées par les hommes blancs à d'autres hommes blancs. Car, comme pour effacer de la mémoire collective ce triste épisode de l'histoire tasmanienne, tous les bâtiments furent rasés dès l'abandon du pénitencier

(1) Ce chapitre est extrait d'un article des auteurs publié dans le journal *Le Monde*.

A Port-Arthur, au contraire, les ruines de la prison ont été restaurées et font désormais partie des sites touristiques.

PREMIERS CONTACTS

Le génocide des hommes noirs de Tasmanie, les premiers Tasmaniens, fut encore beaucoup plus atroce. Rarement, sinon jamais dans le monde, l'occupation d'un pays par les Européens n'aura été aussi tragique puisqu'elle provoqua l'extinction de tout un peuple.

Rappelons que la Tasmanie fut rattachée au continent australien jusqu'à la fin de la dernière glaciation, il y a neuf ou dix mille ans. La fonte des glaces éleva le niveau de l'océan de vingt-trois mètres, submergeant les basses terres ; la Tasmanie devint alors une île séparée de l'Australie par les deux cent quarante kilomètres du détroit de Bass.

Les populations de cette région, arrivées là il y aurait plus de vingt mille ans, (sites de Beginners Lucke Cave : vingt mille ans ; Hunter Island : vingt trois mille ans) s'y trouvèrent prisonnières et y vécurent totalement isolées. Cet isolement serait le responsable des quelques caractères physiques les différenciant légèrement de leurs frères, les aborigènes du continent, ainsi que de leur technologie encore plus rudimentaire.

On pense que trois mille cinq cents à quatre mille Tasmaniens occupaient l'île au XVIIIe siècle, à l'arrivée des Européens. Ils formaient neuf tribus subdivisées en une cinquantaine de petits groupes, vivaient de chasse, de pêche et de cueillette. On ne sait guère autre chose sur leur organisation sociale ou leurs croyances, car ce peuple disparut avant qu'aucune observation n'ait pu être faite sur ses us et coutumes.

Les tribus occupaient les régions les moins accidentées de l'île et, tout naturellement, c'est là que s'implanteront les premiers colons anglais à partir de 1803, plus ou moins par crainte d'une annexion française.

La France, en effet, joua un rôle important dans la découverte de la Tasmanie. Si en 1642 Abel Tasman découvrit l'île qui porte désormais son nom, il ne s'y arrêta que pour faire de l'eau et n'y signala aucun habitant. Par contre, en 1772, Nicolas Marion du Fresne fut le premier Blanc à y rencontrer des indigènes. Vingt ans plus tard, il fut suivi par Antoine Bruni d'Entrecasteaux qui débarqua dans la baie à laquelle il laissa son nom. D'Entrecasteaux, accompagné de son compagnon Labillardère reçut un bon accueil et trouva le style de vie des habitants intéressant. Mais c'est l'expédition Baudin, en 1802, qui rapporta les premières informations sérieuses, les premiers documents sur les Tasmaniens.[1] Baudin les décrit bien proportionnés, vifs, intelligents et sociables. Petit, le peintre de l'expédition, est le premier à fixer leurs traits, et Péron, dans un élan patriotique, pour les remercier de leur accueil chaleureux, leur chante la Marseillaise !

(1) Le musée du Havre possède de nombreux documents sur la présence française en Australie à cette époque.

Puis, Dumont d'Urville et d'autres navigateurs français relachèrent eux aussi en Tasmanie. C'est probablement la fréquence des navires français qui inquiéta les Anglais et, comme en Australie de l'ouest, les incita à prendre officiellement possession de la Tasmanie. Fair-play, les Anglais ont gardé sur les cartes le nom des Français qui contribuèrent à l'exploration de l'île.

Après quelques années d'occupation, les aborigènes se virent complètement dépossédés de leurs territoires tribaux, donc de leurs terrains de chasse et de leurs sites cérémoniels. Ils comprirent enfin que les Blancs n'étaient pas venus pour partager et échanger comme leurs coutumes le leur avaient laissé penser, mais tout simplement pour voler leurs terres.

LE GRAND GÉNOCIDE

Ils commencèrent alors une résistance acharnée contre l'envahisseur, tuant le bétail, brisant les clôtures, détruisant les récoltes, "fléchant" les usurpateurs chaque fois qu'ils le pouvaient. C'est alors que la spirale de la violence se déclencha : en représailles, les Anglais prirent des enfants en otage, volèrent, violèrent et torturèrent les femmes, tirèrent sur tous les indigènes rencontrés. Puis, arrivés au paroxisme de la sauvagerie, ils distribuèrent de la farine empoisonnée, faisant mourir dans d'atroces souffrances hommes, femmes et enfants.

Loin de capituler, les survivants de ce massacre augmentèrent leur pression par des raids vengeurs contre la population blanche encore peu importante et donc vulnérable. La situation devint telle qu'en 1828 le gouverneur Arthur décréta la loi martiale qui donnait droit aux soldats chargés de défendre la colonie de capturer ou de tirer à vue sur tout indigène entrant dans la concession. En 1830, une opération connue sous le nom de "Black Line" fut organisée. Les militaires, assistés de tous les hommes valides, formèrent une chaîne humaine qui, durant trois semaines, ratissa l'île du nord-est au sud-est dans le but d'encercler les aborigènes et de les acculer dans la péninsule Tasman. Mais ces derniers, d'une grande mobilité, connaissant parfaitement les moindres recoins de leur territoire, passèrent tous entre les mailles du filet. Tous, excepté un vieillard et un enfant.

Finalement, c'est un conciliateur, Georges Augustus Robinson, qui réussit à gagner la confiance des cent trente-trois rescapés et à les convaincre de s'exiler sur l'île Flinders. Ceci afin de les "protéger des Blancs, de les civiliser et de les christianiser" ! Beaucoup y moururent de tuberculose, de malnutrition et de désespoir.

Ayant peut-être pris conscience de leur responsabilité devant l'Histoire, les autorités rapatrièrent les quarante-sept survivants sur leur île natale, à Oyster Cove, près de Hobart. C'est là que mourut en 1874 le dernier Tasmanien et, en 1876, Triganini, la dernière Tasmanienne. Rappelons que sur le continent, à la même époque, une chasse à l'homme tout aussi impitoyable sévissait et que seule l'immensité du pays réussit à sauver la population noire d'un même génocide.

Nous avons plusieurs fois évoqué cette sombre page de leur histoire avec des amis australiens. “Ce fut une période dont nous ne sommes pas fiers. Mais en réalité, nous ne sommes pas responsables de ce lourd héritage. A l’époque de ces événements dramatiques, les Anglais en étaient les protagonistes. Nous autres, nous sommes des Australiens”.

Le génocide dura trente-cinq ans. Trente-cinq ans au cours desquels trois à quatre mille Tasmaniens furent tués en défendant leur pays. Cent quatre-vingt-trois Européens durent payer de leur vie le besoin d’hégémonie de l’Angleterre. La mort de Triganini mettait un point final à l’extinction de tout un peuple ; le rideau pouvait tomber sur cette tragédie. La colonie, enfin débarrassée de ses “sauvages” trouva le calme propice à son développement et oublia la sombre histoire de sa naissance. Seules, quelques gravures rupestres dispersées en brousse lui rappelaient qu’une civilisation anéantie par des hommes blancs avait existé ici pendant des milliers d’années. C’était sans compter avec les incertitudes de l’Histoire.

LA RÉSURRECTION

Par un étrange miracle, les Tasmaniens, ces premiers habitants que l’on pensait à tout jamais disparus depuis 1876, surgissent de leurs tombes et demandent réparation.

A partir de 1972, probablement influencés par le mouvement mondial des minorités revendiquant le droit à leur identité, quelques Australiens résidant en Tasmanie, ne se différenciant généralement par aucun caractère physique des autres résidents, commencèrent à chuchoter qu’ils avaient eu des ancêtres aborigènes tasmaniens. De chuchotement en chuchotement, la nouvelle se répandit et d’autres Australiens, physiquement aussi Européens que les premiers, prétendirent à leur tour avoir du sang aborigène. Telles des fleurs jaillissant d’un désert après la pluie, quatre mille nouveaux Tasmaniens selon les uns, bien plus selon Denise Gardner, responsable à Hobart du “Tasmanian Aborigines Center” revendiquent aujourd’hui une parenté avec les premiers occupants de l’île. Mais, à part quelques rares exceptions, bien peu de choses dans leur apparence physique, sinon rien, ne révèle leurs lointaines origines.

Aujourd’hui, encouragés par l’exemple d’émancipation des aborigènes du continent et par des leaders efficaces, ces “nouveaux Tasmaniens” se regroupent, clament leur identité, rappellent haut et fort les injustices, les exactions dont furent victimes leurs ancêtres. Ils organisent des meetings, des défilés de protestation, revendiquent leurs droits et la restitution de leurs sites sacrés.

En 1985, Mike Mansell, avocat, le leader le plus médiatisé, entreprit la visite des grands musées occidentaux (dont le musée de l’Homme à Paris), pour tenter de récupérer les crânes tasmaniens qui s’y trouvaient et de les rapatrier dans leur pays d’origine. Non pas pour les mettre à l’abri dans les musées de Hobart ou de Launceston, mais pour les incinérer comme le voulait la coutume de la plupart des tribus. Car seul cet acte purificateur permettrait aux âmes des ancêtres de reposer enfin en paix et effacerait en partie l'outrage autrefois subi.

Certains musées, comme celui d'Irlande, acceptèrent de restituer leur "collection". Le musée de l'Homme de Paris, l'un des musées possédant un nombre important de crânes tasmaniens, fit la sourde oreille et conserve donc ses précieuses reliques arrivées en France en 1830, reliques considérées comme des témoignages historiques et scientifiques appartenant au patrimoine de l'humanité.[1]

Cette résurrection inattendue des premiers Tasmaniens trouble la quiétude des Australiens. Elle soulève des problèmes juridiques sans précédent, comme par exemple le problème de la revendication des terres, celui de la révision des manuels scolaires où il est dit que la race tasmanienne disparut en 1876, etc. Aux dires de Denise Gardner, une loi serait à l'étude qui, si elle passe, permettrait, entre autres, de restituer vingt et un petits territoires autrefois sites sacrés aux descendants des premiers habitants de l'île.

Quel est le bien-fondé de cette révélation tardive d'identité ? Dès la fin du XVIIIe siècle, le détroit de Bass fut fréquenté par des marins, des chasseurs de baleines et d'éléphants de mer, par des aventuriers de tous poils souvent en conflit avec la société, par des repris de justice, évadés du bagne, mutinés de navires, etc. Ces hommes trouvèrent refuge dans les îles du détroit de Bass et certains s'y établirent définitivement. Quelques-uns se livrèrent à des razzias en Tasmanie pour se procurer des femmes, n'hésitant pas pour cela à tuer tout le reste de la famille. Cependant, la plupart des contacts avec les indigènes se déroulèrent plus paisiblement à travers des trocs : échanges d'outils, de vêtements, de tabac, de farine contre des produits de pêche, des peaux de kangourous et aussi, semble-t-il, des femmes. Toujours est-il que des couples se formèrent, procréèrent, se multiplièrent et qu'en 1842 une petite communauté de cinquante personnes de sang mêlé, ignorée du monde, s'implantait dans les îles Fourneaux. Ce sont donc ces aventuriers, ces exclus de la société qui sauvèrent le peuple tasmanien de sa totale extinction. Une sombre histoire à laquelle se réfèrent les "Tasmaniens" d'aujourd'hui.

Pourquoi avoir attendu plus d'un siècle pour révéler leurs origines ? A cette question, les nouveaux Tasmaniens répondent que leurs ancêtres furent pendant longtemps considérés comme des êtres à peine humains. Aussi, posséder une ascendance aborigène eut été avouer une tare qui, immanquablement les aurait mis au ban de la société. Les familles cachaient donc cette origine parfois même à leurs enfants. Certaines d'entre elles emportèrent ce lourd secret dans la tombe.

Le monde a un peu changé. Nous commençons tout juste à reconnaître la valeur culturelle des peuples appelés autrefois primitifs, leur droit à une identité, leur droit à disposer d'eux-

(1) Ces crânes auraient été donnés à la France en 1829 et 1939 par Augustus Robinson.

mêmes. D'aucuns vont même jusqu'à penser que l'évolution technique est contraire à l'évolution de la pensée humaniste et que les peuples restés technologiquement au stade de la civilisation du paléolithique, les peuples qui vivaient en osmose avec la Terre-Mère, étaient plus proches de la vérité que ceux qui poursuivent aujourd'hui l'aventure nucléaire.

Triganini n'était donc pas la dernière Tasmanienne. Ses "bâtards" se sont réveillés ! Leur volonté d'être reconnus aborigènes tasmaniens à part entière, témoigne du besoin pour l'Homme d'avoir des racines qui attestent ses origines, le différencient par une mémoire collective spécifique des autres ethnies et lui donnent une raison d'exister.

C'est probablement pourquoi ces nouveaux Tasmaniens au visage pâle proclament leur identité et revendiquent leurs droits. Devenus une minorité dans une société occidentale, seront-ils pour autant plus heureux ? Cette minorité, volontairement créée dans une société jusque là uniforme, leur apportera-t-elle moins de problèmes que les autres minorités du monde n'en apportent à leurs membres qui, eux, n'ont pas eu à choisir leur différence ?

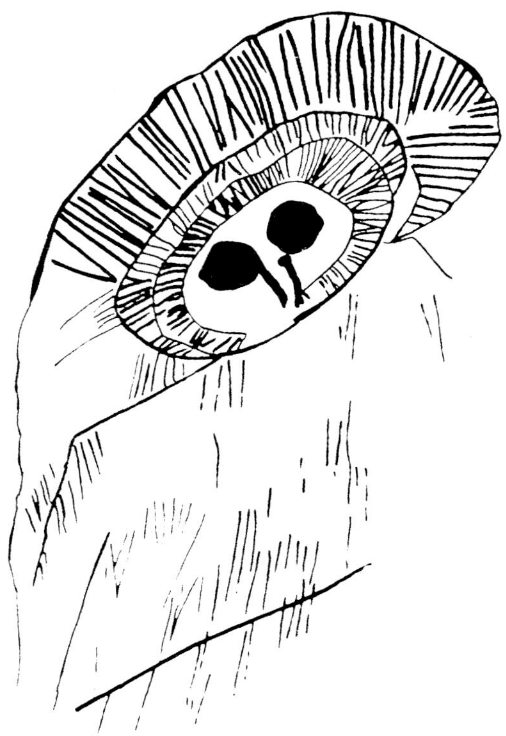

XII - VIVRE EN AUSTRALIE

NAISSANCE D'UNE NATION

En 1788, comme l'avait demandé le roi d'Angleterre, les forçats furent transportés par les six navires de la Première flotte à Botany Bay, à dix-huit mille cinq cents kilomètres de leur pays. Mais le capitaine Phillip, devenu gouverneur d'une colonie qu'il lui fallait construire, jugea le site impropre à cet établissement et lui préféra celui de Port Jackson, l'un des plus beaux ports naturels du monde, dans une petite baie bien abritée, autour de laquelle se construira la ville de Sydney.

Epuisés par des mois de mer et de maladie, les sept cent cinquante forçats durent faire face à de nouvelles épreuves : la cruauté de leurs gardes qui profitèrent de la situation exceptionnelle pour exercer une autorité maladive, l'absence d'organisation, de prévisions des responsables, partis d'Angleterre sans emmener d'hommes représentant les corps de métiers indispensables à la vie de plusieurs centaines de personnes, tels que charpentiers et cultivateurs ; sans même emporter les outils nécessaires pour défricher la brousse. Ce qui n'empêcha pas Londres d'envoyer rapidement des milliers d'autres prisonniers avant que la survie des premiers ne soit assurée.

Pendant une quinzaine d'années, la fatigue, la faim, l'injustice, les sévices, la peur, l'angoisse du lendemain fut le lot des forçats et, dans une moindre mesure, de tous ceux qui les entouraient.

L'exploration, motivée par la recherche de nouveaux terrains de culture ou d'élevage, permit l'expansion de la colonie sur différentes régions du continent. Soixante-deux ans après l'arrivée de la Première flotte, six colonies distinctes avaient vu le jour, toutes vivant principalement de l'élevage.

En 1848, la découverte de l'or sortit l'Australie de sa somnolence en faisant accourir dans ses déserts des aventuriers de toute l'Europe. La population décupla, des idées nouvelles naquirent, de véritables structures sociales se mirent en place.

Le 1er janvier 1901, à la suite d'un référendum, l'Australie acquit son indépendance. Les six colonies relevant jusqu'alors de la couronne d'Angleterre, se regroupèrent au sein du "Commonwealth of Australia" en six Etats fédérés et trois Etats métropolitains, ces derniers sans administration autonome.

Puis, la fièvre de l'or dissipée, l'élevage et l'agriculture prirent le relais et permirent enfin de fonder une petite nation sous le regard inquiétant des voisins asiatiques. Une nation moyennement prospère, numériquement très faible, sans industrie. Ses habitants, alors seulement épris de justice, de liberté, de soleil et de farniente, inventèrent un art de vivre. Cette Australie victorienne, oubliée de l'Occident, enfant pauvre de sa mère patrie, l'Angleterre, somnolera jusqu'à la dernière guerre mondiale.

A partir des années 1948-1950, l'Australie prépare la voie au développement industriel en ouvrant largement ses portes à l'immigration. Les pays d'Europe déversent sur son sol des flots d'hommes et de femmes traumatisés par la guerre et venant chercher dans ce bout du monde une sécurité qu'ils n'osent plus espérer chez eux.

A cette époque, les premiers Australiens défendent avec force leur art de vivre que des ouvriers immigrés trop zélés vont vite mettre en danger. Puis, la réaction de rejet de l'étranger trop travailleur s'atténue et Australiens et "nouveaux-Australiens" s'attaquent au développement du pays, sur le modèle occidental.

Un énorme effort est fait dans le domaine rural, dans celui des industries secondaires, rendant le pays moins tributaire des exportations de l'Angleterre.

Le développement de l'industrie minière est de loin le plus spectaculaire. Grâce aux investissements étrangers accompagnés de moyens techniques modernes, la prospection et l'exploitation dans les régions les plus reculées peuvent être entreprises. Ce sont les découvertes de fabuleux gisements de minerai de fer, de bauxite, (les plus riches et les plus importants du monde), de manganèse, de phosphate, de nickel, de pétrole, de gaz naturel, de charbon, d'uranium, de pierres précieuses, etc.[1]

Découvertes qui déclenchent une véritable révolution économique.

Alors, les regards du monde se tournent enfin vers le pays des antipodes. Les investissements affluent, la bourse explose, les usines s'élèvent, le béton jaillit de toute part. Prenant enfin conscience de sa situation géographique dans le monde asiatique, l'Australie oublie ses anciennes frayeurs, et se tourne délibérément vers ses plus proches voisins qui deviennent aussitôt ses meilleurs clients. Le Japon, qui ne possède aucune richesse minière, signe avec elle des contrats fabuleux.

En dix ans, l'Australie opère une véritable métamorphose. Son potentiel de richesses la propulse au rang de grande puissance mondiale. Sa population ne cesse de s'accroître. Ses villes, ses coutumes, sa mentalité changent pour bientôt ressembler à celles de l'Occident.

En 1972, le gouvernement travailliste qui arrive au pouvoir avec Gough Whitlam accélère cette nouvelle orientation économique, déclenchant en même temps une vague culturelle qui déferle sur tout le pays, annonçant la mort du puritanisme et du conformisme anciens.

(1) Dans les Kimberley, la seule mine Argyle contiendrait cinq cents millions de carats de diamants.

UN ART DE VIVRE

L'Australie est la seule nation à occuper tout un continent. Enclavée par l'Antarctique au sud, l'océan Indien à l'ouest, l'océan Pacifique à l'est, et encerclée au nord par le monde asiatique, elle a donc longtemps vécu en marge des courants mondiaux. De ce fait, les Australiens ont souffert d'être des enfants de bagnards, des oubliés des Antipodes, des laissés pour compte. Ils ont surtout souffert du fait que dans le monde, leur pays soit souvent synonyme de kangourous, de lapins, de déserts et de cow-boys incultes.

Leur rage pour sortir de ce stéréotype a permis aux athlètes de briller dans de nombreux sports. Et pendant longtemps les Australiens n'ont eu que leurs stades pour imposer leur image de marque au monde. Aux jeux Olympiques de Melbourne de 1956, ils ont obtenu trente-cinq médailles dont treize en or. Exploit exceptionnel si l'on considère qu'à cette époque l'Australie comptait moins de huit millions d'habitants.

Aujourd'hui, l'Australie, bien que toujours très peu peuplée avec deux habitants au km^2, est la nation la plus urbanisée du monde. Soixante-dix pour cent de ses habitants vivent dans les dix plus grandes cités pratiquement toutes situées sur la bordure côtière du pays. Ils jouissent de l'un des plus hauts standards de vie de la planète. Cet énoncé, qui pourrait faire venir à l'esprit l'image de cités industrielles sans beauté, de citadins besogneux et pressés, cache tout autre chose. Et le premier étonnement, le premier dépaysement pour un Français à peine débarqué dans ce pays, c'est de rencontrer une ambiance de vacances, c'est-à-dire, le soleil, la bonne humeur, même en hiver ; c'est de s'entendre dire, par les chauffeurs de taxis ou les passants toujours prêts à donner un renseignement, à engager la conversation, qu'il fait bon vivre en Australie, particulièrement dans leur cité ; même si l'on ne "fait" pas trop d'argent ! Nous avons entendu ces réflexions dans les villes de Sydney, Melbourne, Brisbane, Adélaïde, Perth, Hobart et les autres, alors que ces capitales jouissent d'un climat différent. Ceci est en partie dû au fait que la population australienne est mobile car l'esprit pionnier n'est pas mort et semble être contagieux ; les mécontents ne restent pas mécontents, ils vont chercher leur bonheur ailleurs, n'hésitant pas pour cela à changer d'Etat. Ce qui n'empêche pas, bien entendu, les problèmes socio-économiques d'exister dans chacune des petites ou grandes agglomérations. Mais l'ambiance générale est à la tranquille satisfaction de vivre sous le ciel clément d'un pays de liberté.

Il est bien certain que le climat joue un rôle prépondérant dans cette forme de contentement spontané. Partout, l'ensoleillement de l'Australie est très élevé et les températures extrêmes ne sont jamais catastrophiques dans les grandes villes, descendant même rarement au-dessous de zéro, à quelques exceptions près (et là les longs mois de soleil brûlant précédant l'hiver permettent de supporter plus facilement le froid). Au climat, il faut ajouter l'environnement ; les plages de sable blanc qui s'étendent à l'infini à quelques minutes de la plupart des grandes villes,

les immensités vides et leur ambiance de début des temps, jamais très lointaines, aident les hommes, pendant les week-ends et les vacances, à se ressourcer en leur rappelant que la véritable vie est ailleurs que dans l'agitation des cités ; le calme et l'infini de ces paysages sécrètent l'optimisme car ils sont la preuve que dans leur pays de grandes choses restent possibles !

En semaine, dans les villes, pendant les quelques moments de liberté que leur laisse leur travail, les citadins apprécient les espaces verts bien entretenus et fleuris, dans lesquels les pelouses permettent de s'allonger quelques instants pour se reposer, pique-niquer ou méditer, à l'écart de la multitude. Les nombreuses rues piétonnes proposent leurs bancs adossés à des bacs fleuris où l'Australien aime venir s'asseoir pour déguster son sandwich lors de la courte pause de midi, tout en écoutant un concert de plein air ou quelques jeunes musiciens faisant la manche. Le soir, il rejoint la plage ou l'un des innombrables terrains de sport entourés d'espaces arborés (tennis, boules, football, basket, etc) qui foisonnent dans toute la périphérie du centre ville déserté dès cinq heures du soir. A moins qu'il ne rentre vite à la maison dans l'une des banlieues tentaculaires souvent riantes, tondre la pelouse qu'aucune barrière ne sépare de celle du voisin. Car le "Great australian dream", le Grand rêve australien, posséder une petite maison sur un demi-acre de terre, est toujours vivace, même parmi les récents immigrés. Pour l'observateur, il semble qu'ici les heures de travail soient perçues comme une parenthèse avant que ne commence la véritable vie. C'est ainsi que les citoyens de la nation la plus urbanisée du monde vivent rarement comme de véritables citadins, même lorsqu'ils habitent en appartement, ce qui est encore peu courant. Tous se sont en effet adaptés au climat en s'organisant pour vivre le plus possible à l'extérieur, et en compagnie. De là vient peut-être leur bonne humeur.

Chaque année, le 25 avril, de nombreux Australiens se rassemblent pour assister au défilé de "Anzac Day" qui commémore la bataille sanglante de Gallipoli et leur participation aux deux derniers conflits mondiaux.

Un million quatre cent dix-sept mille Australiens ont quitté la quiétude de leurs antipodes pour venir défendre notre liberté. Soixante-dix-neuf mille sept cent cinquante-deux y ont laissé leur vie, plus de deux cents mille sont rentrés chez eux handicapés. Trente-sept mille Australiens reposent sur le sol français, dans la Somme, à Villers-Bretonneux.

De nombreuses ethnies se côtoient et les rues semblent contenir toutes les races du monde. Les enseignes de restaurants étrangers clament cette présence multiraciale. Le voyageur remarque surtout celle des Asiatiques, d'autant plus qu'ils furent absents d'Australie jusque dans les années 70, date de la suppression de la politique "for a white Australia". En revanche, il s'étonne de ne rencontrer que bien rarement des aborigènes. Pour les voir, il faut aller dans des banlieues ou des quartiers bien précis, qui ne sont pas les plus somptueux.

L'immigration a fait plus que doubler la population depuis la fin de la deuxième guerre mondiale ; encore aujourd'hui, environ un quart de la population est né à l'étranger. Très vite, les nouveaux Australiens s'adaptent au mode de vie des "Aussies", les citoyens descendant des premiers colons.

Les femmes représentent quarante pour cent de la main-d'œuvre et sont présentes dans des métiers que la survie de l'esprit pionnier leur a rendus accessibles plus rapidement qu'en Europe. Elles bénéficient du "Sex discrimination Act" depuis 1984.

Le service d'aide sociale fut créé en 1909, peu de temps après la naissance de la Fédération des Etats. Aujourd'hui, il offre à tous les citoyens une couverture dans de nombreux domaines ainsi que des allocations familiales pouvant être payées jusqu'à vingt-cinq ans lorsque l'enfant est étudiant à plein temps. Un gros effort est fait pour les personnes âgées et les infirmes. Un service spécial travaille avec les communautés aborigènes ou leurs organisations, assurant un service médical dans les régions les plus reculées. Cette prise en charge de l'individu par l'Etat choque des observateurs qui y voient la mort annoncée de l'esprit d'entreprise et l'une des raisons du malaise d'une certaine jeunesse.

Quelle que soit sa catégorie sociale, une notion longtemps inconnue mais qui commence à voir le jour, l'Australien n'aime pas se compliquer la vie. Il se nourrit souvent avec des sandwichs ou des plats tout préparés vendus dans les innombrables boutiques de "Take away". Les Asiatiques semblent avoir la suprématie dans ces commerces si l'on en croit le nombre de leurs minuscules échoppes. Il n'est pas rare de rencontrer dans la rue ou dans un square un Australien typique, dégustant un plat chinois dans une boîte en plastique.

ART, LITTÉRATURE ET RECHERCHE SCIENTIFIQUE

On a longtemps reproché aux Australiens de n'avoir aucune culture, de ne s'intéresser ni aux arts, ni à la science, encore moins aux problèmes mondiaux, de ne vivre que pour le sport. Cela fut peut-être vrai pendant un temps pour une partie de la population. Il en va tout autrement aujourd'hui. Si l'on compare le nombre de scientifiques et de créateurs formés par cette nation dont la population ne dépasse guère celle de la ville de New York, on s'aperçoit qu'ils sont extrêmement nombreux, et de réputation internationale.

Ceci s'expliquerait par l'impérieuse nécessité, pour les premiers colons, d'improviser, d'innover, de faire tout avec rien, lorsqu'ils se retrouvèrent dans un monde totalement différent de l'Europe, totalement isolés du reste du monde. Cet état de fait aurait créé un esprit aussi curieux qu'inventif qui débouche aujourd'hui sur un dynamisme dans la recherche scientifique, technologique, aussi bien que dans les arts. Il faut ajouter que les "cerveaux" arrivés en Australie après la seconde guerre mondiale, et qui aussitôt considérèrent ce pays comme le leur, eurent à cœur de contribuer à accentuer cette propension nationale.

C'est dans le domaine scientifique que les chercheurs australiens se sont le plus distingués. Certains chercheurs de l'Institut des Sciences de la Mer sont devenus des précurseurs dans l'intellectualisation de la recherche sur "l'histoire naturelle". Partant d'observations biologiques sur l'écosystème de la Grande Barrière de Corail, l'écosystème le plus riche et le plus complexe du monde, ils avancent des théories révolutionnaires dans leur approche de la connaissance des sociétés humaines.

D'autres biologistes s'aventurent sur des terrains mouvants, au risque de bouleverser l'éthique et les concepts moraux : ce sont en effet des biologistes australiens qui ont réalisé en 1980 la première fécondation in vitro et inventé le bébé-éprouvette. Ce sont eux également qui ont réalisé la première conception d'un embryon conservé dans le froid à –196°. Ces apprentis-sorciers ont entrouvert la porte du monde de demain.

Chaque capitale possède un centre culturel, construit très souvent dans un style futuriste, un orchestre symphonique, de nombreuses galeries d'art. L'opéra national de Sydney se produit régulièrement dans tout le pays et ses émissions télévisées sont nombreuses et très suivies. Les musées se multiplient. Les capitales, comme la plupart des petites et grandes agglomérations organisent des festivals tout au long de l'année. Aux antipodes, faire la fête est important ! Les rires francs, le bonheur sincère d'un moment, toute la joie qui se dégage de ces manifestations étonnent les Européens habitués à un certain quant-à-soi. Suivant ce qu'ils sont venus chercher, ils apprécient ces ambiances ressenties comme des bains de jouvence, ou n'y voient que l'attitude de gens un peu simplets !

Dans le domaine du spectacle, les programmes artistiques ne sont certes pas aussi variés et nombreux qu'ils le sont dans les capitales d'Occident, mais ils sont vus par le grand nombre et non par une petite élite.

Le monde découvre maintenant avec étonnement et incrédulité que ce pays des antipodes n'était pas aussi inculte que le pensaient certains pseudo-intellectuels, qu'il est au contraire le ferment de brillantes générations d'écrivains, de peintres et de musiciens.

La renommée de certains poètes, écrivains, s'étend dans le monde, tels Christopher Koch, Judith Rodriguez, Joseph Furphy, Morris West et le génial Henry Lawson. Patrick White a obtenu le prix Nobel de littérature et, dans un registre plus populaire, Colleen McCullough a ému des millions de lecteurs dans le monde avec son best-seller, *Les Oiseaux se cachent pour mourir.*

Le cinéma australien a surpris par son style très personnel et apporte une bouffée d'oxygène dans les salles obscures. Des films comme *L'année de tous les dangers, Gallipoli, La dernière vague, Mad Max,* pour n'en citer que quelques-uns, ont passionné les cinéphiles et *Crocodile Dundee* fut l'une des plus grandes réussites financières du cinéma mondial.

Les musiciens australiens restent encore trop confidentiels, mais des groupes de "hard rock" comme celui de INXS ou de Midnight Oil sont entrés dans la légende pour les jeunes générations.

Du fait de sa faible population, le marché artistique est réduit et l'Australie perd souvent des créateurs dont la renommée s'est propagée "over the seas", où ils vont alors chercher une plus grande gloire et de plus gros gains.

En définitive, même lorsque l'on a quelque prétention intellectuelle, scientifique ou artististique, on peut dire, avec les habitants du continent des antipodes, qu'il fait bon vivre dans les villes australiennes.

Il fait également bon vivre dans l'outback où se trouvent dispersés les autres trente pour cent de la population. Quinze pour cent vivent dans le "bush", dans des stations d'élevage dont la plus grande, aujourd'hui morcelée, s'étendait sur une superficie égale à celle de la Belgique. Une vie autrefois difficile que la radio et l'avion ont totalement transformée. L'école, les consultations médicales transmises par les ondes font partie de ce monde étrange, bien loin des problèmes internationaux, et qui, le plus souvent, semble combler d'aise les hommes et les femmes ainsi isolés. Il faut écouter ces solitaires pour comprendre combien la beauté et la rudesse des paysages de leur environnement les ensorcèlent. Ici, encore plus que dans les villes, la nature semble monopoliser les pensées de l'homme et faire de lui un de ses disciples.

Puis, il y a les autres, les mal définis, ceux qui un jour seront chercheurs d'or, le lendemain chercheurs d'opales ; ceux qui travailleront pendant quelques années dans une exploitation minière, puis dans un ranch ; se feront balayeurs s'il le faut, le temps de retrouver un peu d'argent pour continuer la poursuite de leur rêve imprécis. Ils se rencontrent dans les "pubs" de l'arrière-pays où, pour quelques instants, ils viennent se réchauffer le cœur auprès de leurs semblables. La bière leur fait oublier un moment leur quête incertaine et leurs propos terre-à-terre, leurs gros éclats de rire, dissimulent souvent combien la nature les a envoûtés, combien elle a changé leur esprit. Ils se rencontrent sur les routes de l'intérieur, leur voiture bardée de bidons, de matériel de camping. A Darwin, à Alice, ils sont nombreux à passer, à la recherche d'un petit job momentané que ces deux villes ont la réputation d'offrir plus facilement que d'autres.

A ces itinérants infatigables qui, en fait, ont opté pour la vie nomade des aborigènes sans avoir leur noble motivation, se joint une autre couche de la société, les retraités, nombreux à sillonner les routes en motor-home pour connaître enfin, au crépuscule de leur vie, les beautés de leur continent. Un jour, ils quittent leur ville et partent pendant des mois, des années, faire l'inventaire de tous les déserts, de toutes les capitales d'Etat, de tous les paysages que Japonais et Américains viennent voir de si loin. Les rencontrer, c'est encore une fois rencontrer des gens comblés. Un peu irritant à la longue, spécialement pour un Français ! Mais une nation de tout juste deux cents ans, peut-elle sécréter autre chose que la joie et l'optimisme de la jeunesse ?

VERS QUEL AVENIR ?

Ce tableau un peu trop idyllique de la vie quotidienne sur le continent des antipodes ne doit pas cacher les sérieux problèmes auxquels la nation australienne doit faire face.

L'Australie souhaite couper définitivement le cordon symbolique qui la relie toujours à l'Angleterre et fonder une république. C'est la volonté d'une majorité d'Australiens. C'est également celle du Premier ministre actuel, Paul Keating, qui semble bien décidé à aider ce dominion du Commonwealth à se dégager de son allégeance à la couronne britannique. Monsieur Keating est convaincu que l'avènement d'une république ne pourra que renforcer l'influence de l'Australie qui souhaiterait être admise dans le club asiatique. Nul doute que l'avènement de la république renforcera l'autorité de l'Australie dans le monde. Elle suscitera aussi de nouvelles difficultés.

Les revendications des aborigènes qui, nous l'avons vu, réclament avec force la restitution de toutes leurs terres tribales, posent actuellement le plus délicat problème que doit résoudre l'Australie. Si ces premiers Australiens obtenaient gain de cause, l'économie du pays, dans un premier temps, risquerait fort d'en souffrir.

Enfin, l'Australie est aussi confrontée aux problèmes que connaissent toutes les grandes nations. Après plus de vingt années de prospérité et de tranquillité, elle paie la rançon de sa rapide ascension. Depuis environ une décennie elle doit faire face aux problèmes des riches sociétés industrialisées : effondrement des valeurs, drogue, début de la délinquance, de la criminalité et même pollution atmosphérique dans certaines grandes villes comme Sydney. Elle subit également les effets de la crise économique internationale avec son cortège d'inflation, de dévaluation, de récession et de chômage.

Aujourd'hui, la nation australienne se trouve entraînée dans l'arène folle de la planète. Son île-continent a perdu à tout jamais la tranquillité de son isolement millénaire. Son nouveau rôle commence avec l'approche du deuxième millénaire. Il peut être considérable pour le monde occidental.

En effet, pour certains économistes, l'Australie pourrait être le dernier pays occidental ayant une mission importante à jouer dans le monde de demain. Un monde dans lequel le Pacifique représenterait un nouveau pôle d'équilibre mondial. Par sa situation géographique proche de l'Asie, l'Australie aurait à y jouer un rôle prépondérant. Mais une question se pose : la population sera-t-elle toujours formée en majorité d'Occidentaux ? L'immigration et les investissements asiatiques des dernières années peuvent laisser la question en suspens.

L'Australie de demain sera-t-elle toujours blanche ?

A l'orée des Temps, quand les mers s'en furent allées,

une plaine infinie apparut,

parsemée çà et là de sculptures

lentement enfantées par les eaux salées disparues.

Ignorant tout des drames telluriques du tertiaire,

les grands corps des géants minéraux, et le sable et les pierres,

préservèrent dans leurs entrailles

le fabuleux témoignage des toutes premières formes de vie.

Poli par le vent et la pluie,

ridé, crevassé par les contrastes thermiques des jours et des nuits,

mais cependant immuable,

le minéral arrive jusqu'à nous

riche de la mémoire des temps anciens.

Il nous conte la fantastique aventure

des premiers végétaux.

Au cours des millénaires, l'eucalyptus,

jonglant savamment avec ses gènes,

colonisera les milieux les plus arides comme les plus humides

et réussira à faire du feu un allié.

Dans la lumière du petit matin, il chantera sa victoire

bien que distancé par l'herbe épineuse du désert.

Pour mieux assurer leur conservation et leur extension,

les végétaux inventeront mille formes et mille couleurs

de fleurs et de graines,

s'appropriant les marécages

comme autant de royaumes.

Et sur les eaux et dans les airs

les oiseaux, devenus sans le savoir leurs esclaves,

transporteront leur pollen et leurs graines

propageant leur triomphe.

Alors, les petits marsupiaux du secondaire,

dans le calme infini d'autres millénaires,

partiront à la conquête des multiples habitats ainsi créés,

la nature transformant sans relâche

leurs formes et leurs besoins,

les diversifiant tant et si bien

qu'ils s'adapteront à toutes les situations,

laissant comme preuves de leur génie,

des formes de vie transitoires,

rescapées exclusivement
sur ce continent hors du temps.

Puis, il y a 40 000 ans et plus, les hommes noirs apparaîtront

et considèreront
ce monde unique
comme une mère
à qui l'on doit tout,

conscients qu'une même "Energie sacrée" imprègne

tout ce qui vit, et le minéral et les étoiles.

Par la magie de la peinture, par celle du rythme,

de la danse et du chant, ils maintiendront vivante

la mystique de la Création

*afin que leur pays reste à tout jamais
celui du début des Temps.*

Alors arriveront les hommes blancs,
bagnards, chercheurs d'or,

éleveurs,

qui abattront les forêts,

introduiront d'Europe

et même d'Asie des animaux étrangers.

Dans leur course folle pour créer une nation,

mille fois ils violeront la "Terre-Mère".

Mais sans qu'ils en aient conscience, l'immuable sérénité du continent

sculpte aujourd'hui leurs esprits avec la même constance qui a permis de sculpter les joyaux de ses mers.

Après deux siècles d'aveuglement,
les conquérants ouvrent enfin les yeux sur la beauté inégalée de ce monde hors du temps.

Face aux 40ᵉ Rugissants,

les brumes ensoleillées de la petite île du sud, la Tasmanie,

leur murmurent qu'ils sont eux aussi

enfants de la nature.

Eblouis par les cimes enneigées

comme par

les forêts vierges tempérées,

horrifiés devant le résultat

de leurs actions passées,

ils regrettent parfois de jouer

aux apprentis sorciers,

interpellés soudain

par des morts ressuscités.

Et dans leurs villes joyeuses,

resplendissantes de soleil,

de fierté et de joie de vivre,

à quelques pas de leurs immeubles de béton,

retrouvant le contact quotidien

avec les mille autres formes de vie

dans la tranquillité

et la confiance
en partie retrouvée,
les nouveaux venus,

d'une manière ou d'une autre,

s'imprègnent de l'"Energie vitale sacrée"

et s'interrogent sur les secrets de l'univers

contenus dans les œuvres

des Grands Initiés noirs,

prêts à devenir eux aussi les "Gardiens de la Création".

NOUVELLE GUINEE
MER d'ARAFURA
Péninsule Cobourg
île Melville
Détroit de Torres
MER de CORAIL
MER de TIMOR
Darwin
Terre d'Arnhem
Groot Eyland
Golfe de Carpentaria
Péninsule du Cap York
Cooktown
Cairns
Wyndham
Urapunga
TERRITOIRE
Newcastle Waters
Derby
Fitzroy
Normanton
Plateau de Barkly
Creek
Townsville
Grande Barrière de Corail
Océan
Port Hedland
De Grey
Grand Désert de Sable
Marble Bar
Lake Nash
Mackay
DU
NORD
Lac Mackay
Mts Mac Donnel
Alice Springs
Grand Bassin Artésien
QUEENSLAND
Rokhampton
île du Héron
Gladstone
TROPIQUE DU CAPRICORNE
Lac du Désapointement
Désert de Gibson
Ashburton
AUSTRALIE
Lac Amadeus
Désert de Simpson
Mts Tomkinson
Carnarvon
Gascoyne
Charleville
Roma
Brisbane
Mts Musgrave
Meekatharra
Lac Wells
Grand Désert Victoria
AUSTRALIE
Lac Eyre
MERIDIONALE
Lac Barlee
Geraldton
OCCIDENTALE
Plaine Nullarbor
Kalgoorlie
Eucla
NOUVELLE
Lac Torren
Broken Hill
Darling
Bourke
GALLES
DU
SUD
Perth
Northam
Norseman
Port Augusta
Port Pirie
Kwinana
Esperance
Grande Baie Australienne
Adelaide
Lachlan
Murrumbidgee
Sydney
Wollongong
Canberra
Albany
île Kangourou
VICTORIA
Mt Kosciusko
Melbourne
Océan
Indien
Détroit de Bass
0 200 400 600 km
TASMANIE
Pacifique
Hobart

COMMENT DÉCOUVRIR L'AUSTRALIE

Les grandes distances qui séparent l'Australie des autres continents et le prix élevé du voyage ont longtemps confiné ce pays au rang des terres inaccessibles.

Lors de notre premier voyage sur un paquebot d'une ligne régulière qui faisait quelques escales et empruntait le canal de Panama, il ne nous a pas fallu moins de cinquante-deux jours pour atteindre ce continent des antipodes. L'Australie était vraiment le bout du monde, une autre planète.

Il n'en est plus de même aujourd'hui. Les distances n'ont pas changé mais l'avion a considérablement réduit la durée du voyage. De nos jours, en moins de vingt-six heures de vol, avec une escale, on se retrouve en Australie. En outre, les tarifs des compagnies aériennes ont considérablement baissé. Il est possible aujourd'hui d'aller en Australie pour moins de neuf mille francs aller et retour ! Les lignes sur l'Australie sont les moins chères du monde.

L'Australie a su saisir ce bouleversement des tarifs pour développer un tourisme jusqu'alors presque inexistant et répondre aux besoins des personnes qui souhaitent sortir des sentiers battus et découvrir un autre monde.

L'attrait que suscite aujourd'hui l'Australie et son dollar, moins cher que le dollar américain, attire de nombreux visiteurs, en majorité japonais et américains, mais aussi de plus en plus de ressortissants des pays européens, des Français entre autres. Chaque année, deux millions de touristes visitent l'Australie, y dépensent quatre mille millions de dollars et génèrent directement ou indirectement quatre cent quarante mille emplois. Le tourisme est devenu la première industrie.

Les Australiens ont mis en place des infrastructures hôtelières remarquables, pour toutes les bourses, qui permettent des hébergements allant du terrain de camping aux hôtels les plus luxueux des chaînes internationales, ou hors du commun, comme à Kakadu, dans le fabuleux hôtel crocodile dont nous avons parlé.

Il n'y a guère plus de dix ou quinze ans, découvrir la brousse australienne impliquait une préparation sérieuse et un goût de l'aventure. Aujourd'hui, des "tours operators" permettent de s'aventurer facilement dans les régions les plus reculées, par avion pour les gens pressés, ou en autocar, lors d'excursions-camping qui vont de trois à quarante jours. On peut également faire sans risques de superbes croisières sur la Grande Barrière, y plonger, faire du "rafting" sur les torrents de Tasmanie et même parcourir l'Australie, juché sur un dromadaire ou à bord d'une montgolfière.

Presque partout il est possible de louer des voitures, des camping-cars ou des motor-homes.

Huit cent cinquante mille kilomètres de routes bitumées permettent l'accès à la plupart des régions. Aujourd'hui, il est possible de faire entièrement le tour de l'Australie en voiture sans difficulté majeure (dix-huit à vingt mille kilomètres). En revanche, si l'on s'engage sur les pistes, un véhicule à quatre roues motrices est préférable, et souvent indispensable. Il est nécessaire de se munir d'une trousse d'outillage, de pneus de secours, d'une réserve d'essence, de ravitaillement, et surtout, même pour un bref parcours, d'une bonne réserve d'eau. Pour les itinéraires peu fréquentés, il est prudent de signaler son départ, l'itinéraire choisi et l'heure d'arrivée prévue. En cas de panne

dans le désert, il ne faut jamais quitter son véhicule et savoir attendre du secours. Chaque année, des voyageurs imprudents y laissent leur vie.
L'hiver australien, de juin à août, est la meilleure saison pour visiter l'Australie. Elle permet d'aller partout, dans les meilleures conditions, d'éviter les pluies tropicales du nord et les fortes chaleurs du désert.
L'itinéraire le plus classique, proposé par les agences de voyages, celui qui permet de découvrir les principaux aspects de ce pays et ses contrastes, part de Sydney, la plus belle ville d'Australie, puis choisit Cairns pour la Grande Barrière de Corail, Darwin et le parc de Kakadu, enfin Alice Springs et Uluru, le célèbre Ayers Rock. Retour sur Sydney ou Melbourne.
L'Australie étant le pays des grandes distances, si l'on préfère organiser soi-même cet itinéraire et ne pas avaler douze à quinze mille kilomètres en quelques semaines, il faut prévoir les trajets en avion avec des escales prolongées à Cairns, Darwin et Alice Springs. Dans ces villes, on peut utiliser les services d'un tour opérator ce qui permet de voir le maximum de choses en un minimum de temps ; ou préférer louer une voiture et voyager seul.
Cette option a l'avantage d'éviter d'être en groupe, mais l'inconvénient de ne pas voir forcément les choses les plus intéressantes sous la direction d'un guide expérimenté.
Cet itinéraire demande un minimum de quatre semaines.
Si l'on ne dispose pas de suffisamment de temps, il est peut-être plus raisonnable de choisir un ou deux sites, comme par exemple la Grande Barrière de Corail, ou le Parc de Kakadu près de Darwin ou encore le désert du centre autour d'Alice.
D'autres régions d'Australie sont moins visitées mais tout aussi intéressantes. L'île de Tasmanie, le plus petit Etat, décrit également dans ce livre, présente un visage nouveau et magnifique de l'Australie.
L'Ouest australien, dans l'Etat de l'Australie-Occidentale qui occupe un tiers du continent, s'ouvre maintenant aux touristes. Il offre, à ceux qui souhaitent sortir des sentiers battus, une Australie totalement méconnue. Non loin de Perth, la capitale, "Wave Rock", "Pinnacle Desert", au nord, les Kimberley et surtout les "Bungle Bungle", encore inconnus il y a quinze ans mais désormais accessibles, sont des sites d'une sauvagerie et d'une beauté inoubliables...
Il n'est pas dans notre objctif de donner des détails pratiques pour préparer un voyage. Mais la plupart des sites à conseiller au visiteur sont décrits dans ce livre. Son choix doit dépendre du temps dont il dispose, de ses moyens financiers, de sa condition physique et de ses goûts.
Quel que soit l'endroit, l'Australie est un pays qui ne ressemble à aucun autre et qui déçoit rarement le voyageur.
L'ambassade d'Australie et l'Australian Tourist Commission à Paris(1), procurent les brochures et les informations indispensables pour bien découvrir ce continent.

(1) Ambassade d'Australie, 4, rue Jean-Rey, 75015 Paris. Australian Tourist Commission, 42, rue du Louvre, 75001 Paris.

COMPOSITION DES ÉTATS AUSTRALIENS

L'Australie repose entre 113° 9' et 153° 39' de longitude est et entre 10° 41' et 43° 39' de latitude sud.

Superficie : 7 682 300 km² avec 36 736 km de côtes ; (la superficie des Etats-Unis sans l'Alaska ou quatorze fois celle de la France).

Point culminant : le mont Kosciusko, 2 228 mètres.

Population : moins de 18 millions d'habitants en 1993 ; (deux habitants au km²)
C'est le pays le plus urbanisé du monde : 70% de sa population réside dans 10 villes.
L'Australie est un pays indépendant mais qui conserve des liens constitutionnels avec l'Angleterre. La reine Elisabeth II est officiellement la reine d'Australie. Elle est représentée par un Gouverneur général et par six gouverneurs d'Etat.
Le "Commonwealth of Australia" est une confédération formée de six Etats qui sont, par ordre de grandeur :

— *L'Australie-Occidentale :* 2 527 567 km², le tiers du continent. 1 million 700 mille habitants. Capitale : Perth, plus de 1 million d'habitants .

— *Le Queensland :* 1 736 595 km² , 3 millions d'habitants. Capitale : Brisbane, 1 million d'habitants.

— *L'Australie du Sud :* 984 371 km², 1 million 500 000 habitants. Capitale : Adélaïde, 1 million d'habitants.

— *La Nouvelle-Galles du Sud :* 801 507 km², 6 millions d'habitants. Capitale : Sydney, 3 millions 500 mille habitants, la plus grande ville d'Australie.

— *Le Victoria :* 227 620 km², 4 millions 500 mille habitants. Capitale : Melbourne, 3 millions d'habitants.

— *L'Ile de Tasmanie :* le plus petit Etat avec 68 331 km², près de 500 000 habitants. Capitale : Hobart, 185 000 habitants.

A ces six Etats, s'ajoutent trois territoires métropolitains qui ne disposent pas d'administration autonome :
— *Le Territoire du Nord :* 1 356 176 km², près du cinquième de la surface du continent avec seulement 150 000 habitants dont la moitié vivent à Darwin, la capitale.

— *Le Territoire de la Capitale Australienne,* Canberra, 2 432 km² , 300 000 habitants.

— *Le Territoire de Jervis Bay :* 7 360 hectares, environ 1000 habitants.

De nombreuses îles sont également rattachées à l'Australie :

— dans le détroit de Torrès, plusieurs îles.
— dans la mer de Corail, un groupe d'îles à l'est de la Grande Barrière.
— dans l'océan Pacifique, l'île de Norfolk.
— dans l'océan Indien : les îles Cocos (keeling), les îles Ashmore et Cartier, et l'île Christmas.
— dans la région subantarctique : les îles Macquarie et Heard, l'île McDonald.

(également, trois bases permanentes dans l'Antarctique.)

TABLE DES ILLUSTRATIONS

TABLE

REMERCIEMENTS

Les auteurs adressent leurs vifs remerciements à toutes les personnes qui ont facilité la réalisation de cette enquête et, en particulier :

- au Muséum National d'Histoire Naturelle
- à l'Ambassade d'Australie de Paris
- à Australia's Northern Territory Tourist Commission
- à Australia Air Lines
- à Tourism Tasmania
- à l'Australian Tourist Commission
- Qantas Airways
- au Tasmanian Aboriginal Center

BIBLIOGRAPHIE

Aboriginal Man in Australia, Berndt R.M. & C.H. (Sydney, 1965)
Australie, Etat des lieux, Bernard Cohen Editions Ramsay, 1985
Australie Terre de Fortune, J. & B.Villeminot Editions Laffont, 1967
Australie Sauvage, J & B Villeminot Editions Presses de la Cité, 1975
Australie Grande Barrière de Corail, J. & B. Villeminot Presses de la Cité, 1983
Aventure Australie, (Autrement, 1984)
Australia, (Lonely Planet, 1992)
Australian Marsupial, Davey Keith (Sydney, 1970)
Boomerang, (2 tomes) Jacques Villeminot Editions Julliard, 1954
Kangaroos, Frith H.J. & Calaby J. H. (Melbourne-Canberra-Sydney, 1969)
Les Aborigènes australiens, Elkin A. P. Gallimard, 1967
L' Australie, Larousse, 1991
L'Australie et les Iles du Sud, Allen Keast Hachette, 1968
Le Chant des Pistes, Bruce Chatwin Grasset, 1988
Les Rêveurs du Désert, Barbara Glowczewski Plon, 1989
Le Temps du Rêve, Cyril Havecker Editions Le Mail, 1992
L' Ouest australien, J. & B. Villeminot Edition Solar, 1987
Religions Australiennes, Mircea Eliade Payot, 1972
Sharing the Country, Brennan Frank Pengouin Book, 1991
The Great Extermination, Marsall A. J. Panther Book, 1968
The Great Barrier Reef, Power Allan (London, 1969)
The Natives Tribes of Australia, Spence & Gillen (London, 1938)
The Other Side of the Frontier, Henry Reynolds
(James Cook University of North Queensland, 1981)
Un Art à l'état brut, K. Kupka (Lausanne, 1962)
Univers corallien, Bernard Gorsky Edition Albin Michel, 1976

ACHEVÉ D'IMPRIMER
EN DÉCEMBRE 1993
SUR LES PRESSES DE L'IMPRIMERIE
A. BARTHÉLEMY
- ANCIENNE MAISON DES OFFRAY -
IMPRIMEURS EN AVIGNON
DEPUIS 1640